建筑企业
自主创新与建设

姜兆飞　徐爱民　主编　　陈　李　副主编

化学工业出版社

·北京·

内容简介

本书共 9 章。第 1 章为建筑企业可持续发展与自主创新理论；第 2 章为我国建筑企业自主创新管理体系研究；第 3 章为建筑企业自主创新与"三型"企业建设；第 4 章为"三型"工程勘察企业的建设；第 5 章为"三型"工程设计企业的建设；第 6 章为"三型"建筑施工企业建设；第 7 章为"三型"技术装备企业的建设；第 8 章为"三型"工程监理企业的建设；第 9 章为"三型"建筑企业建设导则。

本书理论与实践相结合，可供建设主管部门、建筑行业协会、建设单位、建筑企业及相关研究单位从业人员阅读参考，也可供高等学校土木工程类、机电工程类、管理科学与工程类及相关专业的师生学习参考。

图书在版编目（CIP）数据

建筑企业自主创新与建设/姜兆飞，徐爱民主编；陈李副主编 . —北京：化学工业出版社，2023.11

ISBN 978-7-122-43946-8

Ⅰ.①建… Ⅱ.①姜…②徐…③陈… Ⅲ.①建筑企业-工业企业管理-研究-中国 Ⅳ.①F426.9

中国国家版本馆 CIP 数据核字（2023）第 145906 号

责任编辑：董 琳　　　　　　　　　　装帧设计：张 辉
责任校对：宋 玮

出版发行：化学工业出版社（北京市东城区青年湖南街 13 号　邮政编码 100011）
印　　装：北京盛通商印快线网络科技有限公司
710mm×1000mm　1/16　印张 12¾　字数 200 千字　　2023 年 10 月北京第 1 版第 1 次印刷

购书咨询：010-64518888　　　　　　售后服务：010-64518899
网　　址：http://www.cip.com.cn
凡购买本书，如有缺损质量问题，本社销售中心负责调换。

定　　价：78.00 元

前言

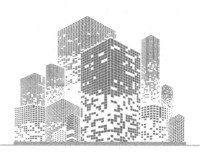

当前，建筑企业的内外部环境不断发生变化，资源约束、环境承载力和生态危机成为企业战略发展必须思考的问题。企业作为微观经济主体，需要分析宏观的经济发展要求、国家战略的转变，实现企业战略与外部形势的融合。

党的二十大报告指出，必须坚持科技是第一生产力、人才是第一资源、创新是第一动力，深入实施科教兴国战略、人才强国战略、创新驱动发展战略，开辟发展新领域新赛道，不断塑造发展新动能新优势。这充分回答了新时代"科技创新是什么"的问题。

我国作为一个发展中大国，面临着更加全面、复杂的科学技术需求，不可能通过技术引进来解决经济发展提出的全部科学技术需求。我国处于人均国内生产总值（GDP）突破1.2万美元的经济发展阶段，对于科学技术的需求将急剧上升，同时因为工业发展水平逐步与发达国家接近，使得我国技术引进空间逐步缩小，对自主开发的需求也将急剧上升。

解决我国新时期建设的资源问题需要充分利用国内外的市场和资源，但我们的着眼点和立足点应该放在国内。加快推进节约型社会建设，控制和降低对国外资源的依赖程度，乃是建筑业持续健康发展的良策。

与此同时，发达国家上百年工业化过程中出现的资源环境问题，在我国近20多年来集中出现，呈现结构型、复合型、压缩型的特点。资源短缺成为经济发展的瓶颈，环境污染和生态破坏不仅造成经济损失，而且危害国民健康，影响社会和谐发展。

经济全球化为我国广泛参与国际分工与合作创造了条件，但我国面临的竞争也更加激烈。节约能源资源，加大环境保护力度，从源头上减少污染，使企业生产过程和产品的原料成分、能效、废弃和处置等都能够符合环境标准，关系到能否增加企业国际竞争力和保证外贸可持续发展。

随着经济的发展，环境成本核算问题被提到日程上来。按照"谁污染、谁治理，谁投资、谁受益"的原则，企业在污染治理方面逐渐承担起主体责任。生产经营过程中的能耗、水耗、物耗等是企业的直接成本支出，实现资源节约也是企业增加利润空间的重要举措。从考虑环境成本与资源成本的角度，推动"资源节约、环境友好"建设，是减少成本支出，增加企业利润的有效途径。编者历时数年的研究成果如下。

（1）解析了建筑业面临的形势；

（2）阐述了"技术创新型、资源节约型、环境友好型"建筑企业的内涵和特征、三者之间的相互关系；

（3）论述了"技术创新型、资源节约型、环境友好型"建筑企业的判定标准和具体目标；

（4）查找了建筑企业在实现"技术创新型、资源节约型、环境友好型"建筑企业目标上存在的问题与差距；

（5）依据上述结论，制定、完善了建筑业不同性质（勘察、设计、施工、技术装备、监理等）的企业应当采取的建设措施；

（6）提出建筑业不同性质（勘察、设计、施工、技术装备、监理等）的企业"三型"企业发展建议，为建筑业实现持续健康发展提供参考。

至此成果完成之际，谨向所有帮助过我们编写团队的人献上最诚挚的谢意！向大力支持我们的青岛恒星科技学院的各级领导致以崇高敬意！向给予我们诚恳帮助的各位老师致以衷心感谢！

本书编委会共有16人组成。主编姜兆飞、徐爱民负责前言、第1章、第2章的编写；副主编陈李负责第3章的编写；张明月负责第6章的编写；马泽正、尉粮苹负责第4章的编写；王利旬、李佳宸负责第5章的编写；徐富全、王隆豪负责第7章的编写；高康康、马迪、梁志强负责第8章的编写；张瑞莉雪、陈英宏、褚艳萍负责第9章的编写。本书由邵军义教授统稿并定稿。

因研究工作历时较长，书中难免有不妥之处，敬请各位读者批评指正，在此诚致敬意！

编者

2023 年 4 月

目录

建筑企业可持续发展与自主创新理论

1.1 国内外建筑企业创新与发展现状

1.1.1 背景与意义

（1）研究背景

在市场经济的激烈竞争环境中，企业是有其生命周期性的，不同行业的企业总是优胜劣汰。从生命周期的角度去观察企业的成长和发展过程，可以发现，有的企业的生命力和竞争优势可以保持上百年，生命周期可以不断延续；多数企业的成长发展过程则呈现出明显的周期性，并随着行业的衰落而被淘汰；还有一些企业在成长过程中尚未达到成熟期就中途夭折，其生命过程很短。

作为市场经济主体的企业如果不能保持相对的可持续发展，不仅会造成资源配置的极大浪费，而且也无法从根本上提高国民经济的运营效率。因此，不管是从企业成长发展的一般规律着眼，还是从我国市场经济环境中各类企业发展过程中暴露出来的问题来看，企业的可持续发展问题，以及如何保持企业长期持续的竞争优势，就成了一个非常值得深入研究的重要课题。

建筑业是一个历史悠久的物质生产部门，建筑业包括建筑施工、勘察设计、工程监理、工程招投标代理、工程造价咨询、技术装备（设备）安装等企业，建筑业和工业并列于第二产业，是国民经济的重要组成部分。国家基础设施的建设，例如铁路、高速公路、机场、港口码头、水利水电、公共建筑等的工程建设，都离不开建筑业的功绩。有资料显示，近年来我国建筑业拉动国内生产总值（GDP）的直接、间接贡献率平均超过25%。

2018年，国家统计局发布《国家统计局关于修订2018年国内生产总值数据的公告》显示，修订后的2018年GDP为919281亿元，比2017年增长8.7%。全国建筑业总产值235086亿元，同比增长9.9%。建筑业和上游材料及设备供应商等产业链的企业一起为中国的经济发展贡献了25.6%的力量。

2019年国民经济统计报告全年GDP为990865亿元，比2018年增长6.1%。全国建筑业2019年总产值248446亿元，同比增长5.7%。建筑业和上游材料及设备供应商等产业链的企业一起为中国的经济发展贡献了25.1%的力量。

2020年，因疫情影响，全年GDP为1013567亿元，比2019年增长2.3%。全国建筑业总产值263947.04亿元，同比增长6.24%，总产值达到GDP的26.0%以上。建筑业和上游材料及设备供应商等产业链的企业一起为中国的经济发展贡献了26%的力量。这是任何其他行业不能比的。这些数据说明建筑业及其上游企业没有拖GDP的后腿，反而是GDP的坚实支柱。

自2011年以来，建筑业增加值占国内生产总值的比例始终保持在6.75%以上，2020年再创历史新高，达到了7.18%，2011～2020年建筑业增加值占国内生产总值比例如图1-1所示。在2015年、2016年连续两年下降后连续4年保持增长，建筑业其国民经济支柱产业的地位持续稳固。

2011年以来，建筑业增速由降转稳，总体形势向好，2016～2020年建筑业总产值及增速如表1-1、图1-2所示。

表1-1　2016～2020年建筑业总产值及增速

项目	2016年	2017年	2018年	2019年	2020年
建筑业总产值/万亿元	19.4	21.4	23.5	24.8	26.4
建筑业总产值增速/%	7.1	10.5	9.9	5.7	6.2

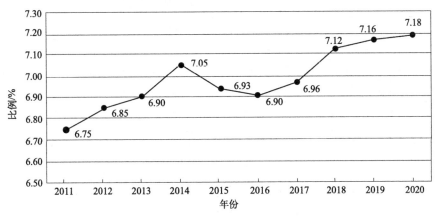

图 1-1　2011～2020 年建筑业增加值占国内生产总值比例

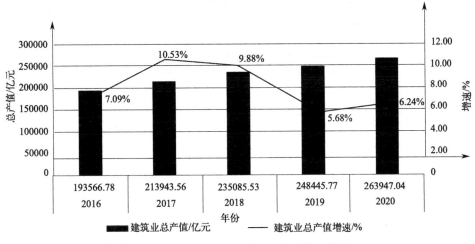

图 1-2　2016～2020 年建筑业总产值及增速

与此同时，由于工程质量的提高伴随经济效益的提高，促进了建筑工程产业化的大发展。建筑业的发展有利于改善城镇居民的工作和生活条件，并在解决我国剩余劳动力就业问题、促进经济增长等方面具有重要意义。

我国建筑业的长足发展，同时也带动了几十个行业的发展，为我国国民经济的发展创造了雄厚的物质基础，为加快新型城市建设进程和改善人民居住条件做出了重大贡献。然而，若纵观建筑业的利润率和人均产值，其利润率低下、劳动力密集、劳动生产率不高等劣势长期困扰建筑企业的发展。2016～2020 年我国建筑企业主要经济指标见表 1-2。

表1-2　2016～2020年我国建筑企业主要经济指标

项目	2016年	2017年	2018年	2019年	2020年
企业数量/个	83017	88074	96544	103814	116716
建筑业总产值/亿元	193566.78	213943.56	235085.53	248445.8	263947.04
建筑业增加值/亿元	51499	57906	61808	70904	72996
利润总额/亿元	6986.05	7491.78	7974.82	8279.55	8303
劳动生产率(按总产值计算)/(元/人)	336991	347462	373187	399656	422906
产值利润率/%	3.6	3.5	3.4	3.4	3.2

从表1-2可见,2016～2020年间建筑企业产值利润率一直停留在3.4%左右,同期美国的建筑业产值利润率在6%～7%之间,德国的建筑业产值利润率在5%～6%之间,法国的建筑业产值利润率在8.0%左右。

近年来各国建筑业的劳动生产率也有较大差异。表1-3是各国建筑企业平均劳动生产率对比表。

表1-3　各国建筑企业平均劳动生产率

项目	2017年	2018年	2019年	2020年
中国建筑业劳动生产率/(万元/人)	34.75	37.32	39.97	42.29
美国建筑业劳动生产率/(万元/人)		90.36	84.56	105.3
日本建筑业劳动生产率/(万元/人)	308.71	312.67	310.36	322.67
法国建筑业劳动生产率/(万元/人)	130.63	145.19	151.61	146.78
德国建筑业劳动生产率/(万元/人)	107.81	108.61	110.67	109.74

从表1-3中可以看出,虽然我国建筑业劳动生产率逐年递增,但其数值与发达国家同比相对较低,差距比较大,从而也说明我国建筑业依然属于劳动密集型的行业。

纵观建筑业企业的发展,除了上述的共性之外,经营业务受限、发展空间狭窄、业绩波动异常、未能永续发展的企业较多。

2018年上榜的我国大陆建筑业100强中,有49家企业未进入2021年100强名单,淘汰率约为50%。而2021年的我国大陆建筑业100强中,有27家几乎是4年来的全新面孔。由此可以看出我国大陆建筑业竞争的激烈程度,同时表明了建筑企业永续发展的艰难程度。

我国大陆建筑业无论是低利润率、低效率还是永续发展力不足,究其根本原因,可以归结于企业核心竞争力之一的企业创新能力这一关键因素。

随着经济全球化的发展和"双碳"（碳达峰、碳中和）策略的实施，建筑业正处于机遇良多，但挑战更加严峻的境地。在建设"技术创新型、资源节约型、环境友好型、生态文明型"社会和倡导"五新"（创新、协调、绿色、开放、共享）发展理念的背景下，在坚持以人民为中心、重视历史文化保护、传承和弘扬，把创造优良人居环境作为中心目标，抓好城市治理体系和治理能力现代化的发展思想引领下，特色性、宜居性、文化性、多中心、生态性、和谐性成为新世纪城市建设的核心理念。

针对建筑企业尤其是外向型建筑企业的发展现状及存在的问题，展开建筑企业自主创新管理体系构建研究及其自主创新技术路径研究，实现建筑企业可持续发展十分必要。

（2）研究的意义

① 研究建筑企业自主创新管理体系，旨在促进建筑企业从单一的技术创新或工艺创新走向具有战略高度的全方位的持续创新，通过创新管理体系的构建，提升企业自主创新的效能、核心竞争能力和整体经营水平，实现节约发展、低碳发展。通过研究提出的创新途径建议或意见，有助于推动行业和企业的创新发展。因此，本研究对于实现建筑业和企业的可持续健康发展具有重要的理论和实践意义。

② 从理论上讲，自主创新是企业实现可持续发展的基础，本研究将助力建筑企业深化自主创新体系的构建，加深对"技术创新型、资源节约型、环境友好型、生态文明型"的理解，强化企业责任意识。通过建筑企业自主创新管理体系的构建，使建筑企业的自主创新更加迫切，创新活动更加完善、高效，创新方向更加明确，有利于全面提升企业的核心竞争能力和整体经营水平。因此，本研究有着重要的理论指导意义。

③ 从实践角度上讲，本研究具有以下意义。

对于技术创新来说，创造高技术含量是手段，创造高附加值才是目的。对于建筑企业来讲，先进技术是以产生经济和社会效益为前提的，这就要求技术创新从市场中来，到市场中去，最终创造社会价值。建筑企业自主创新管理体系的政府、企业和市场三维动力集成，能够帮助企业根据市场需求确定研发题目进行攻关，取得研发成果后再回到市场中去，最终创造价值。

实现企业的可持续发展只有技术上的自主创新是不够的。建筑企业自主创新管理体系可以促进建筑企业从单一的技术创新或工艺创新走向具有战略高度的全方位的持续创新，在技术、管理、机制、人力资源管理、信息化建设等多方面实现可持续性自主创新，并通过创新管理体系的构建，采取切实措施，实现建筑企业做强、做大，永续发展。

1.1.2　建筑企业自主创新历程与本研究创新

(1) 技术创新能力解析

自主创新理论起源于熊彼特的创新理论，并以此为基础而逐渐发展成为一门较为系统的科学。国外对自主创新能力的研究始于对技术创新能力的研究。技术创新能力的研究经历了相当长的一段时间，形成了许多有价值的观点，由于各自分析问题的视角不同，对技术创新能力分析的角度也各有差异，归纳起来主要有如下 3 个方面。

① 从组织行为的角度来看。Larry E. Westphal 把技术创新能力看成是组织能力、适应能力、创新能力和技术与信息获取能力的综合。Seven Muller 认为技术创新能力是产品开发能力、改进生产技术能力、储备能力、组织能力的综合。

② 以企业技术创新行为主体的视角来看。D. L. Barton 把技术创新能力看成是由技术人员和高级技工的技能、技术系统的能力、管理能力、价值观等内容组成的。

③ 从企业竞争力的角度来看。Prahalad Hampl 从基于产品、技术平台的企业核心能力积累的角度对企业技术创新能力进行了探讨。Dosi 等从企业技术竞争力的角度研究了企业技术创新能力。

(2) 国外建筑企业创新与建设历程

① 西方学者认为，大型建筑企业的可持续发展主要取决于先进的技术水平和创新能力、企业的核心竞争力、企业的组织结构、企业文化、融资能力和总承包能力。

② 20 世纪最伟大的创新者之一是德鲁克。德鲁克对创新的理解：创新是可以加以训练、可以学习和可以实地运营的。并对创新进行了分类，即产品的创新、管理的创新、社会的创新。创新在企业管理理论上已经形成体系。

③ 社会发展的新特点呼唤着管理的创新。保罗·罗默说创新是发展、繁

荣和生活质量提升的主要动力。人类的知识指数式扩张，对复杂、成熟而又客户化的产品和服务产生的需求不断增长；对产品和服务的生产和消费在世界范围内不断竞争发展，进行的各种项目其规模正在日益增大，项目管理在不断孕育各种变革和创新。目前，在工程项目管理的创新理论方面还处在初级阶段，发展和实践都需要创新理论的支持和引领。

④ 国外建筑业的自主创新始于 20 世纪 70 年代初至 80 年代中期的持续兴旺阶段。在这一阶段，技术创新研究的理论体系初步形成，研究的具体对象开始逐步分解，研究内容也比较全面，主要包括技术创新的定义、分类、特征、主要影响因素等。到 20 世纪 80 年代后期的系统发展阶段，在前一阶段研究的基础上，人们逐渐认识到创新的多主体性、动态性、集成性等多综合特性，逐步形成新层次的系统理论，强调实用性。研究热点主要是企业与技术创新的关系，技术创新的激励，创新扩散与市场竞争策略等，力求达到理论与实践的统一。目前是复杂性创新理论阶段。当前系统科学已经发展到了研究开放的复杂巨系统和复杂适应系统的阶段，国外一些学者已开始用复杂性理论对建筑业的创新系统进行研究，其理论基础主要还是系统科学中较成熟的非线性理论和自组织理论，但已开始把复杂性理论应用到这一领域。

⑤ 国外建筑业自主创新的一个突出表现是从系统承包商到全方位的价值链创新。在过去的几十年里，国际建筑市场最流行的竞争格式是以各种"交钥匙"工程为代表的系统承包商模式。这种经营方式将企业的利润源泉从简单的工程承包环节扩展到设计、施工、工程的总体设置的全部过程，使快速建立这种能力的企业获得了竞争的有利地位。经过几十年的竞争磨炼，越来越多的企业开始形成国际市场上的总承包能力，于是建立在总承包能力为核心的竞争力基础开始动摇，全方位的价值链创新取而代之，正成为新条件下的竞争力的核心基础。全方位的价值链创新模式的实质是将企业放置于一个远超出竞争对手范围的大环境，将企业的客户、供应商、金融机构，以及客户的客户都纳入企业一个框架，通过企业自身价值链与这些密切关联的外部群体的价值链更有效的耦合，创造新的价值。国际工程承包中广泛流行的BOT（建设-经营-转让）、PPP（公私合作）等模式，就是这种价值链创新的一个重要成果。

⑥ 国外建筑业自主创新的另一个突出表现是从独立的技术创新到全球技术资源的共享。国际建筑业的技术创新速度日新月异。为了降低风险，减小

研发成本，同时保持在技术方面的领先地位，越来越多的建筑企业在技术研发领域开始走向合作，并逐步形成了全球技术资源共享的新局面。

a. 一些建筑企业为了降低研发成本，让其他企业共同分担研发成本，正逐步将自身的技术研发机构从母体脱离出来，引进新的投资者。

b. 这些机构为了提高研发成果的效益也开始向更多的企业提供服务。这种现象是国际建筑业内部分工进一步深入的必然结果。

⑦ 国外建筑业自主创新的第三个突出表现是信息技术与现代管理的融合。近十年来，信息技术与现代管理手段的快速发展以及两方面力量的互相促进和融合，促使国际建筑业的管理方式发生了重要变化。现代信息技术的广泛应用，使企业管理过程中的信息流能够以更快捷和更低成本的方式进行传递，极大地减小了管理成本，同时提高了管理的效率。在此推动下，企业的组织结构开始出现扁平化的趋势，管理跨度不断增加。这一方面缩短了企业的管理流程，以及企业与市场之间的距离；另一方面也为企业在全球范围快速扩展创造了良好的条件。

国际工程承包中，大型跨国建筑企业运用信息技术和现代管理手段，能够以比传统管理手段更高的效率和更低的成本实现全球资源的配置，从而增强在国际市场的竞争力。从行业层面看，促进了全球建筑市场一体化程度的提高。这种作用过程不是单向的，随着建筑业国际化程度的不断提高，日益激烈的国际竞争也对企业的管理提出更高的要求，从而推动企业不断引进和吸收新的管理技术，最终促使信息技术和现代管理手段成为建筑企业竞争力的一个重要方面。

(3) 国内建筑企业创新与建设历程

① 自主创新是我国提出的组合名词。自主创新是个本土化概念，该概念的提出，源于我国科学技术水平的相对滞后以及由此产生的对国外的技术依赖。作为发展中国家，增强自主创新能力是取得长远发展的根本动力。绝大多数的学者都认为，企业自主创新能力是国家自主创新能力的基础，也是企业获得持续竞争优势的基石。目前，我国众多企业的自主创新能力相对较弱，技术创新的外生性和创新能力不足已成为我国经济发展的一大瓶颈，严重影响我国在世界经济格局中的战略地位，因此，从增强企业持续竞争优势角度出发，研究、探索、提高企业自主创新能力的基本路径，对于构建创新型国家具有一定的借鉴和指导意义。

② 我国建筑企业学习、借鉴、总结国际先进管理方法，推进了管理体制的改革，进一步深化和规范建筑企业管理的基本做法，促进了建筑企业管理科学化、规范化，但在企业自主创新能力的提升方面尚有不足。目前，对自主创新的研究大多集中在自主创新能力对企业发展重要性，提出提高自主创新能力的途径建议等方面，而针对具体行业企业的自主创新能力研究特别是针对建筑企业的研究文献相对较少。自主创新是一项复杂的经济活动，现有的大部分研究成果对自主企业创新活动的进行提供的帮助较片面，如何选择有效自主创新模式提升建筑企业可持续发展能力的研究存在着很大的理论研究空间。

③ 创新联合体（联盟）初现端倪。在政府、企业、高校、科研机构加强政产学研合作的基础上，企业与企业间合作、企业与雇主的合作、企业与供应商的合作创新日益密切，创新联合体（联盟）受到青睐，政产学研客商的广角联盟渐成趋势。充分利用各种外部科技资源为增强企业创新能力服务已成为一种新的潮流。同行企业和用户建立广泛的合作关系，建设形成了多层次、全方位的合作体系，极大地促进了企业的快速发展和竞争力的增强。初步形成了具有竞争性的创新管理新体制，创造出以资源共享、效益为本的企学创新管理新文化。

进入21世纪以来，科技创新在经济建设中的作用更加显著，作为市场经济中最活跃、最富有活力的组成部分，企业技术创新能力的提高对于我国经济的发展、竞争力的加强具有根本性的重要意义。但是由于目前我国建筑企业劳动密集的原因，科技创新对建筑企业发展的贡献远低于信息、商贸、机械、电子等其他行业，因此要实现企业的可持续发展，从劳动密集型向技术密集型转变、向知识密集型发展，就必须提高科技创新能力。

④ 科技创新与科技创新体系形成气候。科技创新是科学创新与技术创新的总称，科学是人类认识世界的手段，技术是人类改造世界的手段，科学从事的工作是观察、表述和解释，技术从事的工作是定法则、下忠告和指导。由于现在科学与技术已经成为有机的整体，人类的创新活动既要在认识上推陈出新也要依靠技术提供物质保障。

（4）本研究目的、方法和框架

本书借鉴改革开放以来我国大型建筑企业发展历程和经验，研究建设科学发展观对建筑企业的影响，从传统的企业战略管理研究的角度出发，重点讨论建筑企业自主创新的互动机理及"三型"（技术创新型、资源节约型、环境友好型）建设与持续发展。

本书是在此环境下，基于建筑企业尤其是外向型施工企业的发展现状及存在的问题，展开企业可持续发展前提下的自主创新管理体系构建研究及其自主创新技术路径研究，研究目的主要有以下几点。

① 从战略的高度提出建筑企业自主创新管理体系构建思路，包括组织机构，技术中心，有效运行的创新机制，科技创新实施方案，科技发展规划，科技创新战略联盟，科技管理规章制度，切实可行的管理流程，对研发项目有效的管理手段，促进科技成果转化为生产力、合理分配开发成果收益等的体系和机制，实现施工企业的自主创新高效运行。

② 探索创新绩效综合评价指标体系和评价办法，创新资源优化配置的统筹协调机制，技术创新的投入机制，重大科技活动的应急预案，提出施工企业创新发展的对策建议，实现施工企业的自主创新实效运行。

③ 从技术创新、管理创新、人力资源管理创新、机制创新、工艺创新、信息化建设创新、资源节约和环境友好创新等全方位研究建筑企业的创新途径，实现施工企业的自主创新低成本运行。

④ 为建筑企业构建政府、企业、市场和"政企客、产学研""三维六方"一体的创新联盟、创新管理体系与创新环境，探索适应新市场的创新路径，为大型建筑企业的政策制定、战略规划、提高整个行业的整体竞争能力、促进行业企业持续、有序发展提供有效的借鉴和指导，实现施工企业的自主创新高收益运行。

（5）本研究思路

影响企业可持续发展的因素有很多，例如企业文化、经营模式、人力资源管理、科技进步等，但核心是自主创新。拥有优秀的自主创新能力，在技术、管理、人力资源管理、信息化建设等多方面实现可持续性创新，实现企业竞争优势再造，是企业在激烈的市场竞争中得到生存和持续发展的唯一出路。寻找可行而有效的途径来实现建筑企业的自主创新活动，是增强企业核心竞争能力，提高持续发展能力的关键。本研究内容如下。

① 通过对建筑企业自主创新情况调研问卷答卷的统计分析，了解我国建筑企业自主创新能力和现状，分析创新活动存在的问题，为有关建筑企业自主创新的研究提供实际数据支持，为建筑企业自主创新管理体系的构建明确

目标任务。

② 从战略的高度提出建筑企业自主创新管理体系构建思路，包括"三维六方"创新联盟、自主创新管理体系、创新团队建设以及自主创新激励机制，为施工企业的自主创新舞台构筑物质框架。

③ 集成政府、企业和市场三维创新合力，构建"政企客、产学研""三维六方"一体化的广角创新联合体（联盟）。

④ 构建自主创新管理体系和企业创新环境，为施工企业提供实现自主创新以及成果转化的平台，实现各子体系有效结合，推动建筑企业自主创新活动高效有序进行。

⑤ 构建创新团队，优化创新人才队伍，充分发挥团队的力量，为企业自主创新提供有力的人力资源支持，切实提高企业自主创新能力。

⑥ 完善自主创新激励机制，促进人力、物力、财力资源，充分发挥其自主创新效能。

⑦ 提出建筑企业的自主创新途径建议。

（6）本书主要创新点

① 提出了基于企业的内部多层和外部政府、高校、研发机构、设计、关联产业和业主"三维六方"的建筑企业自主创新广角深层联盟的概念。

② 构建了企业流程管理再造基础上的建筑企业创新管理体系。

③ 结合技术创新、管理创新、机制创新、工艺创新、信息化建设、资源节约、环境保护、团队建设和创新联合体建设等，提出了建筑企业的自主创新路径与管理流程。

④ 研发了最小积分法对调研因子进行重要性排序。

⑤ 完善了政府、企业和市场的三维创新合力集成的理念，提出了建筑企业构建政企客产学研联动互促（助）创新的概念。

⑥ 定义了技术创新型、资源节约型、环境友好型企业的内涵和特征、三者之间的相互关系。

⑦ 设计了技术创新型、资源节约型、环境友好型企业的判定标准和具体目标。

⑧ 探索了建筑行业内不同性质的企业（勘察、设计、施工、技术装备、监理等企业）应当采取的必要措施。

⑨ 提出了建筑业内不同性质的企业（勘察、设计、施工、技术装备、监

理等企业）"三型"发展建议，以引领整个行业实现持续健康发展。

（7）本研究的技术路线

本研究的技术路线如图 1-3 所示。

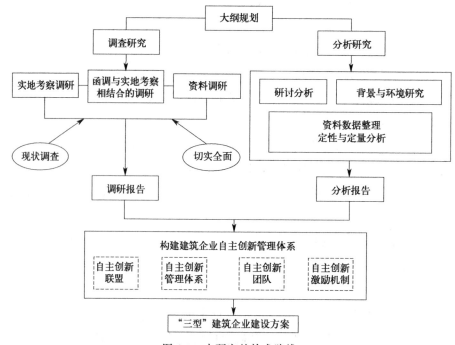

图 1-3   本研究的技术路线

从调查研究、分析研究入门，通过函调与实地考察相结合的调研、背景与环境研究，到调研报告、分析报告，进而构建建筑企业自主创新管理体系，最终提出"三型"建筑企业建设方案。

1.2   建筑企业的可持续发展

1.2.1   建筑企业可持续发展的含义

（1）建筑企业可持续发展的综述

可持续发展（永续发展）的概念最先是 1972 年在斯德哥尔摩举行的联合国人类环境研讨会上正式讨论，全球的工业化和发展中国家代表云集，共同研究界定人类在缔造一个健康和富生机的环境上所拥有的权利。自此以后，各国致力界定可持续发展的含义，由于可持续发展涉及自然、环境、社会、经济、科技、政治等诸多方面，所以如果研究者所站的角度不同，对可持续发展所做的定义也就不同。从全球范围看，比较有影响力的定义主要有以下几类。

① 侧重于自然方面的可持续发展定义。持续性一词首先是由生态学家提出来的，即所谓生态持续性，意在说明自然资源及其开发利用程度间的平衡。1991 年 11 月，国际生态学联合会和国际生物科学联合会联合举行了关于可持续发展问题的专题研讨会。该研讨会的成果发展并深化了可持续发展概念的自然属性，将可持续发展定义为"保护和加强环境系统的生产和更新能力"，是从自然属性方面定义可持续发展的一种代表，即认为可持续发展是寻求一种最佳的生态系统以支持生态的完整性和人类愿望的实现，使人类的生存环境得以持续。

② 侧重于社会方面的可持续发展定义。该类定义着重强调改善人类的生活质量和生活环境。1991 年，由世界自然保护同盟、联合国环境规划署和世界野生生物基金会共同发表《保护地球——可持续生存战略》将可持续发展定义为"在生存与不超出维持生态系统涵容能力之情况下，改善人类的生活品质"，并提出了人类可持续生存的九条基本原则，认为只有在发展的内涵中包括提高人类健康水平、改善人类生活质量和获得必须资源的途径，并创造一个保持人们平等、自由、人权的环境，使我们的生活在所有这些方面都得到改善，才是真正的发展。

③ 侧重于经济方面的可持续发展定义。该类定义都认为可持续发展的核心是经济发展。Edward B. Barbier 在《经济、自然资源：不足和发展》中把可持续发展定义为"在保持自然资源的质量和其所提供的服务的前提下，使经济发展的净利益增加到最大限度"。D. Pearce 认为"可持续发展是今天的资源使用不应减少未来的实际收入"，即可持续的经济发展不再是传统的以牺牲资源和环境为代价的经济发展。

④ 侧重于科技方面的可持续发展定义。科学技术是实现可持续发展的基础支持力量之一，Jamm Gustare Spath 认为"可持续发展就是转向更清洁、更有效的技术，尽可能接近零排放或密闭式工艺方法，尽可能减少能源和其他自然资源的消耗"。污染并不是工业活动不可避免的结果，而是技术差、效益低的表现。

⑤ 被国际社会普遍接受的综合性定义。1987 年，布伦特兰夫人主持的世界环境与发展委员会对可持续发展给出了定义为"可持续发展是指既满足当代人的需要，又不损害后代人满足需要的能力的发展"。这一定义被称为布氏定义，是针对全球环境和发展问题提出的，作为最全面科学的可持续发展的定义被国际社会普遍接受。也就是说，任何的发展都只有在得到既定的经济利益或其他利益的同时，保证人类的生活质量和各层次需求得到满足，保护资源和生态环境，不影响所处大环境在社会、经济、文化、科技等方面现在以及未来的健康持续发展，才是真正实现了可持续发展。

（2）建筑企业可持续发展的内涵

建筑业是我国国民经济的支柱产业，建筑企业生命周期的缩短将造成社会资源配置的极大浪费。当前，要求社会、经济、环境三方面实现可持续协调发展已成为全人类的广泛共识，建筑企业能否实现可持续发展不仅影响着国民经济的运营效率，对科学发展观的贯彻实施更是有着重要影响作用，是社会得到健康发展和持续进步的必然要求。建筑企业作为社会的组成单元，它的可持续发展定义主要体现在以下几点。

① 经济可持续发展。在竞争激烈的市场环境中，优胜劣汰的自然规则使得企业的生命周期长短不一，经济上的可持续发展是企业生生不息最直接的体现，也是以营利为目的的企业最主要的追求目标之一，建筑企业也不例外。经济可持续发展的实现为建筑企业追求自然、社会以及科技等方面的可持续发展提供必需的财力支持。建筑企业的经济可持续发展还包括对企业外部的经济影响，主要体现在对重要利益相关者的经济贡献以及与当地经济的互动与融合等方面，建筑企业的可持续发展不仅要保证自身的经营业绩持续发展，还要有助于所处经济环境的可持续发展，只有这样才能真正实现经济上的可持续发展。

② 自然可持续发展。生态资源的可持续发展是可持续发展被提出时的最初内涵。研究表明，建设活动使用的资源占人类使用自然资源总量的 40%，所引起环境负荷占环境总负担的 15%～45%。因此，建筑企业建设活动中节能减排、绿色施工等环保措施的有效落实对生态资源环境的可持续发展意义重大，也有利于企业开源节流，促进经济的增长。特别在当今全球追求绿色环保可持续的大背景下，实现自然方面的可持续不仅对社会健康发展做出贡献，同时也是建筑企业增强核心竞争力，在激烈的市场竞争中获得持续发展

的必要条件之一。

③ 社会可持续发展。企业承担着高于自身目标的义务，就是社会责任。可持续发展的最终落脚点是要为人类提供良好的生存发展环境，因此改善人类生活品质，创造平等、自由、人权的社会环境，实现社会的可持续发展是建筑企业可持续发展的重要组成部分，也促使着建筑企业实现自然、经济等方面的可持续发展。建筑企业作为社会的组成部分，其与社会之间的互动和资源交流将影响自身的发展，只有在产品责任、员工管理、社会公益等方面促进社会的可持续发展，建筑企业才能从真正意义上获得自身的可持续发展。

④ 科技可持续发展。科学技术是第一生产力。科技的不断进步和持续发展，是企业增强核心竞争力，在激烈的市场竞争中拥有持续生命力的必然要求，也是实现自然可持续发展、社会可持续发展以及经济可持续发展的重要支撑力量。对于建筑企业来说，实现科技可持续发展是实现企业可持续发展的基础条件。

因此，可以将建筑企业可持续发展的定义概括为积极承担社会责任，在实现环保节能、推动社会和谐发展的基础上，通过不断发展的科技手段，实现企业永续发展。在发展过程中协调企业、社会、自然的关系，实现经济、自然、社会以及科技等方面的可持续发展。建筑企业可持续发展基本条件构成如图 1-4 所示。

（3）建筑企业可持续发展影响因素

建筑企业能否实现可持续发展受到企业内外多重因素的影响，实现经济、自然、社会以及科技可持续发展的需要对建筑企业的内外环境提出了更高的标准和要求。企业内部对建筑企业可持续发展的影响因素主要有以下几点。

① 企业文化。美国著名的哈佛巨头约翰·科特先生认为企业文化对企业长期经营业绩有着重大的作用。企业文化体现着企业的经营理念和企业精神，有指导性以及引导功能，不仅能使员工的个人职业生涯与企业总体目标真正融合，增强员工的归属感，而且是将可持续的观点融入企业经营过程和员工思想的有效途径，因此创建健康向上、科学合理的企业文化是建筑企业实现可持续发展的推动力。

② 管理制度。有学者将企业内部形容为做布朗运动的电子，需要有一个

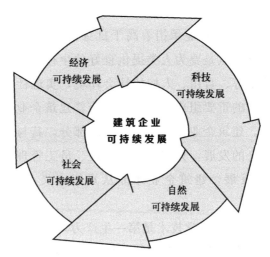

图 1-4　建筑企业可持续发展基本条件构成

力量来引导其朝着一个方向运动。在建筑企业中，企业管理制度就是这样一个力量，引导企业内部的活动朝着正确的方向有序运行，因此科学的管理制度是建筑企业实现可持续发展的基础。

③ 核心竞争力。在激烈的市场竞争中，是否具有竞争优势是企业能否成功的关键，是否具有持续的竞争优势是企业能否可持续发展的关键，因此核心竞争力作为企业拥有持续竞争优势的重要支撑力量是建筑企业实现可持续发展的重要影响因素。

④ 科学技术。科学技术的可持续发展是建筑企业可持续发展的组成部分之一，建筑企业的科技水平影响着企业可持续发展的实现。一方面，建筑企业的经济可持续发展、自然可持续发展以及社会可持续发展都需要高新施工技术的支持；另一方面，先进的技术水平也是企业核心竞争力形成的关键。

⑤ 人力资源。建筑市场的竞争归根到底表现为人才的竞争。培养和造就一大批掌握绿色高新建筑施工技术、能操作会管理的人才，是建筑企业可持续发展的重要保证。

⑥ 财务管理。企业的各种经营活动都需要资本财力的支持。根据经济学的资源稀缺性，任何企业的资本财能都是有限的。这就要求财务管理活动合理安排资金流动，积极实施资本运作，为建筑企业的可持续发展打造强有力的支持后盾。

⑦ 创新能力。创新是企业的生命。这对建筑企业也不例外，只有不断发

展创新才能保证核心竞争力不被竞争者超越，得以持续拥有竞争优势。特别在当今经济全球化的背景下，建筑施工业越发活跃，竞争越发激烈，建筑企业所处环境日益复杂。只有在企业文化、管理制度、核心竞争力、科学技术、人力资源以及财务管理等各方面坚持创新，才能高瞻远瞩地控制企业发展节奏与社会、市场环境合拍，实现真正的建筑企业可持续发展，因此创新能力是影响建筑企业可持续发展最重要的影响因素。

上述因素可以归纳为建筑企业可持续发展影响因素图谱见图 1-5。

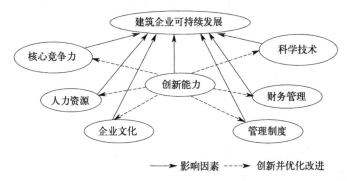

图 1-5　建筑企业可持续发展影响因素图谱

1.2.2　建筑企业自主创新与可持续发展的关系

（1）企业自主创新的内涵

自主创新是创新的一种，已经被提升到国家战略的高度，增强自主创新能力是提升国家竞争力的核心，是实现建设创新型国家目标的根本途径。自主创新通常有以下 3 层含义。

① 重大的原创性的科学发现和技术发明。

② 在已有科学技术成果上的系统集成创新。

③ 在有选择地积极引进国外先进技术的基础上进行消化、吸收和再创新。

这一自主创新概念主要是侧重于国家层面定义的，从微观角度来看，具体到企业，企业自主创新是国家自主创新体系的基础组成，同时也离不开国家自主创新体系的支持。傅家骥在《技术创新学》中指出自主创新是指企业通过自身的努力和探索产生技术突破，攻破技术难关，并在此基础上依靠自身的能力推动创新的后续环节，完成技术成果的商品化，获得商业利润，达到预期目标的创新活动。吴高潮认为自主创新是企业为了掌握核心技术，获得自主知识产权，并培育企业自身的可持续创新能力，以自我为主，综合利用各种创新资源进行的创新活动。

（2）建筑企业自主创新的内涵

建筑企业的自主创新作为企业自主创新体系的组成细胞，其内涵主要体现在以下几点。

① 以建筑企业为创新主体，是建筑企业的主动行为。建筑企业实施自主创新的目的与实施普通的创新活动有所不同，不仅仅是要满足社会需要和市场需求，更重要的是形成企业自身的持续创新能力，形成并持续拥有核心竞争力，因此在自主创新活动中建筑企业必须认清并确立自己的主体地位，增强创新及创新管理能力，保护自主知识产权，正是这种主动自觉、有意识、有目的的创新才能使建筑企业有获得创新收益的动力和承担创新风险的决心，获得更多更有突破性的创新成果。

② 建筑企业自主创新分为三个层次，即原始创新、集成创新以及引进吸收再创新。原始创新是建筑企业依靠自身的资源在结构、材料、施工技术等方面实施创新研究，获得重大科学发现、技术发明或原理性主导技术等原始性成果的创新活动，是建筑企业提高学习能力、科研能力以及科技竞争力最基础也最有力的动力源泉。但原始创新难度较大，对建筑企业要求较高，是自主创新中的"高级阶段"，再加上科学的交叉融合性的增强，企业创新能力以及承担创新成本和风险能力的限制，集成创新以及吸收引进再创新与原始创新一起成为新经济下企业提高创新能力的重要途径。

③ 建筑企业自主创新是从研究开发、投产应用到实现市场价值的过程性活动，离不开企业内外人力、财力及知识等资源以及合理内在机制的支持，受到多种要素条件的影响。

④ 建筑企业自主创新的内容可以多样化，企业自主创新一般需要系统性地开展创新活动，既可以单独进行技术创新，也同时可以在管理、制度、组织等方面实现综合的创新，共同推动建筑企业自主创新的发展。

⑤ 自主创新是建筑企业经济可持续发展的基石。《中共中央关于制定国民经济和社会发展第十二个五年规划的建议》指出，以加快转变经济发展方式为主线，是推动科学发展的必由之路，符合我国基本国情和发展阶段新特

性。坚持把科技进步和创新作为加快转变经济发展方式的重要支撑是加快建设创新型国家的前提。当前，经济全球化中期的信息化、数字化时代已经来到，科技革命日新月异，随着经济科技全球化趋势的明显加快，建筑企业面临外部经济环境的复杂变化，自主创新成为建筑企业提高竞争力的内在支撑和不竭动力，是推动建筑企业经济发展的主导力量，是建筑企业促进社会经济健康持续发展的必然条件，因此自主创新是建筑企业实现经济可持续发展的基本要求和动力。

⑥ 自主创新是建筑企业生态可持续发展的根本保障。加快建设资源节约型、环境友好型社会，提高生态文明水平是我国经济建设的重要任务，这也要求建筑企业将自然可持续发展提高到企业发展战略的高度。科学技术是实现环保节能的主要手段，控制减少碳排放量、发展循环经济、实现绿色施工以及加强资源节约管理等环保节能的活动都需要一系列技术、管理等创新活动的支持，实施自主创新是建筑企业拥有自主的绿色环保技术，实现自然可持续发展，在建设环境友好型社会的大趋势下保持竞争优势的根本保障。

⑦ 自主创新是建筑企业科技可持续发展的直接动力。建筑企业实现科技发展的途径有很多，例如对已有先进技术进行复制仿制，购买引进或者聘请有关科研机构对需要的新技术进行研究开发等，但这些途径大都常常受到知识产权保护的限制，不能从根本上解决企业竞争力提高的问题。只有以建筑企业为主体的自主创新才能真正增强企业的科技实力，拥有一支强大的科研队伍，实现科技可持续发展。

综上所述，自主创新是建筑企业实现可持续发展最强大的驱动力量，是建筑企业能否得到持续发展最重要的影响因素。因此，增强自主创新能力，提高自主创新活动的质量和效率是建筑企业可持续发展的必经之路。建筑企业可持续发展影响因素与持续发展的关系见图 1-6。

1.2.3　国外企业创新管理体系的借鉴

（1）德国企业创新体系的分析

德国是发达的市场经济国家，在促进研究、技术创新的组织和管理方面，开辟了一条独特的技术创新道路。对于促进创新，尤其是在科学界与产业界之间结合的问题上，德国联邦政府保持了一种透明的、有效的、鼓励竞

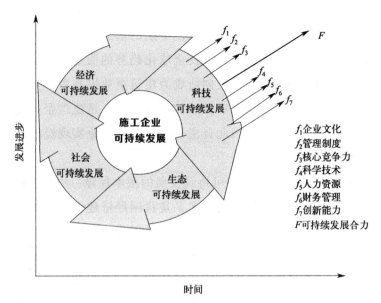

图 1-6 建筑企业可持续发展影响因素与持续发展的关系

争取向的姿态，目的在于加强科研机构、高等院校与产业界之间的合作。经过几十年的沉淀，其创新管理日臻完善，主要体现在以下方面。

① 积极支持创新联盟与创新集群的发展。以创新为焦点的全球竞争正演化为创新链与创新生态之间的竞争，产业链之间、企业之间、企业与研究机构之间围绕创新活动展开的合作与协调日趋重要。德国政府积极推动产业技术创新联盟的发展，相继制定实施了联邦经济技术部支持的创新联盟计划、国家高技术战略框架中的创新联盟促进计划、支持中小企业研究联盟的创新网络计划，对产业技术创新联盟给予多方位的支持和资助，还建立合作联盟网站为联盟的合作、交流、发展和服务提供平台，推动创新主体积极合作建立产业技术创新联盟。在支持创新联盟发展政策中，德国政府的主要角色是为创新联盟的形成、发展及创新活动创造良好的外部环境，提供必要的资金支持，以及提供必要的协助和协调。自 1995 年开始，德国联邦和州政府出台了一系列支持创新集群的政策，目的是让集群中不同类型的企业以互通有无、取长补短的互动方式对能力和知识进行重新组合，实现合作创新。

② 德国政府在创新中的作用。联邦、州政府都十分重视中小企业的技术创新工作，并通过制定政策、中介服务等手段，支持中小企业技术创新，把企业作为技术创新决策、投入和承担风险的主体，对此，政府提供财政支持

和税收优惠，激发企业的技术创新积极性。为鼓励企业投资，德国将公司所得税降低了 25%，并采取了降低个人所得税的措施。

③ 德国政府的助力行动。联邦教研部通过实施课题开放附加条款，使中小企业的研究项目获得更广泛的资助；通过加强技术转让措施，让广大有兴趣的中小企业获取专题计划的研究成果；通过进一步简化项目申请程序，鼓励中小企业开展创新研究，并允许其按官方规定日期拥有持久的项目申请权。

④ 德国政府的推动行为。政府在全国范围内还开展了名为"知识创造市场"的运动，促使本国先进的科学技术更多更快地转化为生产力。政府建立一种专业性的专利转化机制，并鼓励企业利用研究成果；联邦教研部为高等院校提供专项补贴，减轻其为申报专利所要承受的经济负担；采取多种措施促进技术型企业的组建，增加技术入股的吸引力，推动经济界与科技界的相互协作，并鼓励企业运用国内大学的科研成果。

⑤ 德国大学及科研机构在创新中的作用。德国创新模式的基础科研体制是由大学、工业研究开发设施以及各类公立、半公立的科研机构组成。这些科研机构主要从 3 个方面孕育了工业创新的成功。

a. 不断在教育培训领域增加人力资本，提高员工素质。

b. 把科技研究工作中产生的新知识以论文的形式公开发表，加速了原创知识的传播。

c. 直接参与公司技术革新，解决工业问题。

在注重中小企业对科研机构研发投入的同时，德国政府还鼓励科研机构参与欧盟及其他国家的科学研究项目，以弥补科研机构间缺乏联系的不足。德国通过欧洲科技合作的三大计划，即欧盟科研框架计划（FP）、尤利卡（EURECA）计划和欧洲科技合作计划（COST），实现了其国际合作的目标。在上述计划的近 800 个具体研究项目中，德国已经参与了 2/3 以上。除此之外，德国还加强了与中欧、东欧及独联体国家的合作，重点是支持这些国家参与欧盟范围内的科技合作。通过科研机构的国际合作，德国获得了使用各国人力、物力和财力资源的机会，并使之有目的地用于大型研究项目或特定的研究领域；通过交流科学技术知识，科学地解决全球化问题（如环境保护等）。通过技术转让，加强第三世界国家与新型工业国家的合作，提高德国的技术竞争能力。

⑥ 德国政府的创新孵化平台建设。在整个创新体系中，企业是主体，但是创新的进度与体系的协调却完全是通过政府改革实现的。政府通过改革高校，加速了高校成果的转化；通过改革科研体制，推动了科研机构的结构创新；通过改革资金渠道，拓宽了战略性重点科研项目的资助；通过改革"战略基金"的创建，支持了国家级研究中心与非中心之间科学家的合作；通过改革科研与经济界的合作网络，加快了科技成果的扩散。另外，政府特别关注对技术创新型中小企业的扶持，其中，教研部、证券公司、德国重建银行曾共同开通过创新市场服务器，实现了科研人员与投资者间的共同合作。可见创新体系的建立取决于政府职能的发挥。

（2）日本企业创新模式的分析

日本的科学技术是20世纪50年代后发展起来的，其整体的创新模式是种渐进性的、增量性的技术创新。日本高新技术的发展主要得益于在相对宽松的国际技术交流与转移的背景下进行生产技术的模仿创新，这为日本战后经济的持续发展奠定了基础。巴斯（Bass）在《日本的科技园：国家政策与地方发展》中指出日本在模仿美国、欧洲的高新技术产业发展方面进行富有东方特色的创新区域发展模式。70多年来，日本基本形成了一套完整的创新管理体系和独特的创新模式，主要表现在以下方面。

① 搭建第三代研创平台。目前日本建立的所谓"研究核心"已经是第三代科技园区，其基本内容主要包括以下4个方面。

a. 以租赁形式向公共研究与开发（R&D）活动和私人开放的实验室。

b. 高等教育与培训设施。

c. 用于信息交流与人员交往的场所，包括会议室、计算机网络和数据库等。

d. 高新技术企业孵化器。

这些内容已经基本上构筑了世界创新系统发展的最新模式。经过多年的改革、调整，日本现已形成了以市场为导向的"官、产、学"三结合，基础研究、开发研究、应用研究均衡发展，科研机构与科学园区形成以合作网络为主要特点的创新体制。

② 政府的政策激励。

a. 政府发挥了积极的宏观协调与规划作用，从而保持了创新区域发展的宏观性及过程的有序性。中央政府以园区发展为导向，着力打造区域产业园区，构造行业集群，增强区域综合竞争力，促进区域经济的发展，由此调动地方政府对科技园区建设的积极性。

b. 为扩大科技成果，政府积极进行科技投入。为了不断培育取之不尽的创新源泉，政府加大了对基础研究的投入：一是制定了相应的政策，疏导科研人员向企业流动；二是建立了技术转移中介机构（TLO）；三是培养大批创新骨干，这些骨干善于从众多的科研成果和专利技术中挖掘出创新的种子，从而促进成果的转化。同时，政府重视技术创新的资金投入，其 R&D 投入占 GDP 的比重一直在增长，目前已达到3%，超过了美国的这一比率。

c. 培育创新的社会环境。一方面，日本先后修订了科学技术基本计划和产业基本计划，补充了技术创新体系方面的不足，部分国会议员还紧急组成科学技术政策研究会，连续出台了一系列扶持技术创新的政策；另一方面，在资金支援力度方面，政府除了对原有的中小企业融资提出了更明确的要求外，又先后出台了创业支援债务保障制度、新创业特别贷款制度、中小企业经营改善融资制度等。此外，由政府拨款建立的风险财团，不仅直接向高技术风险企业投资入股，还承担债务担保，这些资金极大地解决了技术创新融资难的问题，使各类风险企业大批问世。

③ 企业的主动行为。企业和大学联合是一种优势互补的合作，在日本，很多企业主动在大学中寻找合作伙伴。大学有雄厚的科研力量，但科研经费不足，科研成果不能直接转化为产品，而企业具有开发产品的科研经费，但科研力量相对不足。企业与大学相结合，借助于大学科研机构的科研力量，企业实现产品的开发，利用新产品打开市场，企业竞争实力增强，增大自身的经济效益，又可以拿出更多的资金支持大学科研。企业实力的增强也提升了行业竞争的能级，从而推动国民经济的增长，增加了政府的财政收入。于是政府再次加大对基础研究与开发活动的投资力度，使创新环境更为宽松。

④ 校企联合模式。日本的大学多数是通过政府的纽带作用与企业相结合，或是自发的与企业形成合作，从而形成大学科技园区。在日本，由于国内资源的限制（尤其是人力资源），科技自主的原创动力不足，因此，大学建设的功能定位，主要以传播知识为重要目的，通过吸收外来技术，校企联合进行加工创造，实现技术创新。在科技模仿战略的指导下，科研机构注重技术的开发与产业化，与大学建设形成互补，利用技术引进弥补大学自主创新力不足的劣势，其与企业的密切合作，帮助企业实现生产的改良，增强企

业科技实力，增大企业经济效益。

德、日两大技术创新强国对于我国建筑业的借鉴意义在于，建筑企业要勇于作为自主创新的主体，根据市场要求，加大投入，真正花力气进行自主创新。建筑企业首先梳理企业的文化传统，凝练创新文化的价值理念，建立创新文化的基础平台，并借鉴国内外高层次人才的智慧和能力，实现高起点自主创新。

第 2 章

我国建筑企业自主创新管理体系研究

2.1 我国建筑企业的发展与创新现状分析

2.1.1 管理创新与技术创新的关联性

（1）自主创新与管理创新的关联过程

管理创新与技术创新都是建筑企业自主创新活动的重要内容，是企业生存与发展的两把利剑，是企业核心竞争力的源泉，在我国企业实施创新过程中，常常在这两个方面存在着偏差，将技术创新和管理创新的概念混淆或替代，或者重技术创新轻管理创新，将技术创新看作是直接效益的源泉，要么孤立静止地看待技术与管理创新的关系，忽视它们之间的互动关系，这些观点都是不正确的。技术创新和管理创新有着各自的内涵和使命，相互关联、相互作用、互为动因和支撑条件。

目前提到创新较多的是自主创新和管理创新，也有人提出自主创新和管理创新是制约企业可持续发展、影响企业核心竞争力的关键所在。建筑企业自主创新首先体现在技术创新上。

技术的进步必然推动管理的发展，管理的改革总是伴随着技术的改革，管理的改革还应适应技术的发展。首先，技术创新为管理创新提供了外部环境和内在驱动力，对管理创新起促进和推动作用。技术的发展进步反映一种新的经济发展模式与社会发展格局，带来新的体制、思想、观念以及新的生产方式、生活方式、思维方式、行为方式，管理的变革与创新必须与技术的变革与创新相匹配才能在信息化、全球化、激烈化的竞争市场中取得竞争优势。其次，技术创新是管创新的技术基础与必备的技术支撑条件，先进的技术为科学的管理和管理的创新提供了科学的、先进的方法、手段。自主创新与管理创新的关联过程可以采用建筑企业自主创新与管理创新过程模型如图2-1所示。

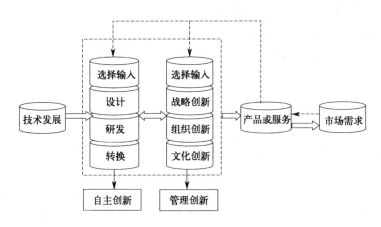

图 2-1　建筑企业自主创新与管理创新过程模型

（2）管理创新与自主创新关系分析

①　自主创新首先体现在技术的改革与创新上，管理创新总是与技术创新相伴而生，技术的进步势必推动管理的进步，管理的变革必须适应技术的进步。无论是从理论研究还是企业实践来看，管理和制度创新从来就是和自主创新相伴而生。

②　熊彼特1912年在《经济发展理论》中第一次提出创新理论后，创新理论演进为两个领域的创新：一是技术创新经济学，以 Mansfield、Schwartz 等为代表，从技术的创新与模仿、扩散、转移的角度对技术创新进行研究；二是制度创新经济学，以诺贝尔经济学奖得主 Douglass North 等为代表的制度创新学派，把创新与制度结合起来，研究制度因素与企业技术创新和经济效益之间的关系，强调制度安排和制度环境对经济发展的

重要性。

③ 在实践中那些效益突出的企业，除了在自主创新方面的成就外，在管理上也有着行之有效的创新。福特在 20 世纪执世界汽车业之牛耳，其流水线生产方式功不可没；通用汽车能战胜福特，分权管理制至关重要；而丰田汽车独特的"丰田精益生产方式（TPS）"使日本迅速发展起本国的汽车工业；同样，通用电气的崛起在很大程度归功于其精细管理体系。技术创新和管理创新理论研究和企业实践范例如图 2-2 所示。

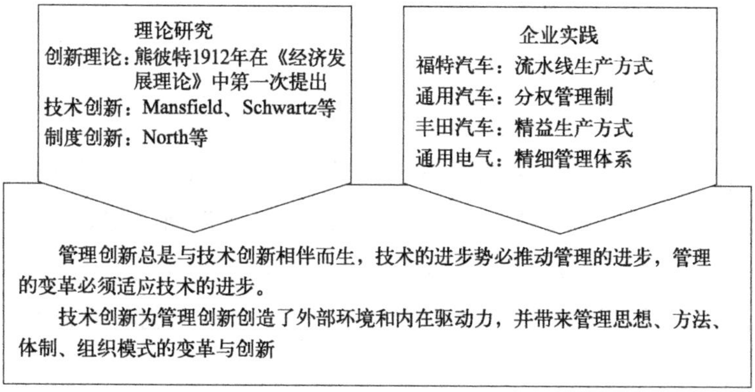

图 2-2　技术创新和管理创新理论研究和企业实践范例

（3）管理创新的协同与自主创新效用分析

① 在落后的管理系统中不会产生先进的技术，技术创新也会缺乏生命力。管理为技术从体制、组织、战略等方面提供保证，保证自主创新顺利进行。先进的管理促进自主创新，自主创新能否给企业带来预期的绩效、能否提高创新工作效率，在很大程度上取决于管理创新与之协同与匹配的程度。

② 研究表明，在管理创新范畴，应当分解出制度创新一脉，以体现制度创新的重要性。管理创新是创造市场的基本动力。没有管理创新，制度的成果难以巩固和发展；没有管理和制度的创新，自主创新难以形成有效的机制，自主创新的成果难以及时转化为生产力。管理创新、技术创新与制度创新呈现鼎立关系。因此，不仅要重视技术自主创新，还必须十分重视和强化管理创新。

多年的咨询经验也表明，在企业发展过程中，务必贯彻协调发展的观念，妥善处理好技术创新和管理创新两者的关系。管理创新、技术创新与制度创新关系如图 2-3 所示。

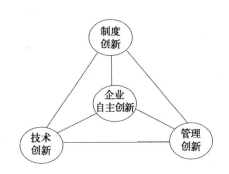

图 2-3　管理创新、技术创新与制度创新关系

技术创新是企业自主创新管理的起步阶段，成长阶段则以技术创新为主、管理创新为辅，而成熟阶段的特征是组织制度创新为主、技术创新与管理创新为其提供物质支撑。三大创新相互依存，相互促进。不同时期、不同环境有所侧重，但系统配套与协调发展才是企业自主创新管理体系建设的真谛。

（4）技术创新与管理创新的内涵

① 技术创新也称技术革命，是技术变革中的一个技术应用阶段，技术创新的概念提出迄今已有 70 多年，但至今尚未形成一个严格统一的定义。与管理创新相区别的企业技术创新活动主要由产品创新和工艺创新两部分组成，包括从新产品和新工艺的设想、设计、研究、开发、生产和市场开发、认同与应用到商业化的完整过程。产品创新是为市场提供新产品或新服务、创造一种产品或服务的新质量。工艺创新是引入新的生产工艺条件、工艺流程、工艺设备、工艺方法。技术创新不仅是把科学技术转化为现实生产力的转化器，而且也是科技与经济结合的催化剂。技术创新的根本目的就是通过满足消费者不断增长和变化的需求来保持和提高企业的竞争优势，从而提高企业当前和长远的经济效益。为了实现这一根本目的，企业除了在充分重视核心产品技术创新的同时还必须重视管理创新。

② 管理创新是在一定的技术条件下，为了使各种资源的利用更加合理、企业整个系统运行更加和谐高效、生产能力得到更充分有效的发挥而进行的发展战略、管理体制、组织结构、运作方式、具体的管理方法与技术、文化

氛围等方面的创新。创新战略是市场创新，即开创一种符合顾客需求的营销方式、开辟新的市场。其中，组织创新是设计和创建匹配新的技术、新的战略、新的市场环境、新的企业战略、新的管理流程的组织结构和组织过程。体制创新是创建运用和调动各种资源、实现生产要素合理有效组合的管理体制以及对权力的约束监督机制。

（5）技术创新与管理创新的互动

① 管理的革命总是与技术的革命相伴而生，技术的进步势必推动管理的进步，管理的变革必须适应技术的进步。

a. 技术的变革与创新为管理的变革与创新创造了外部环境和内在驱动力，技术的创新与进步带来管理思想、管理理念、管理方法、管理体制、管理流程、组织模式的变革与创新，为深层次的组织模式变革起着促进和推动作用。技术创新和管理创新是现代企业发展不可或缺的两个因素，两者之间互相促进，共同推动企业的可持续发展。技术创新是企业发展的重要驱动力之一。通过技术创新，企业可以不断推出更先进、更高效、更具竞争力的产品，从而占据更多的市场份额。

b. 企业的可持续发展能力（盈利）取决于企业的战略管理能力、资源整合能力、资本运作能力和企业文化建设能力的综合运用，其核心和基础是管理创新。例如，信息技术的发展迎来了网络经济时代，信息技术应用的创新创造了电子商务经营模式，信息技术与生产技术应用的融合及其创新促进着生产方式的变革与创新。

② 落后的管理系统中不会产生先进的技术，技术的创新也会缺乏生命力。管理系统为技术系统从体制、组织、战略、领导、环境、运作方式、资源配置效率等方面提供保证。先进的管理促进技术创新，技术创新能否给企业带来预期的绩效、能否提高创新工作效率，在很大程度上取决于能否同管理创新协同与匹配，能否同组织创新、文化创新、体制创新、运行机制创新等协同、匹配。技术创新的选择如下。

a. 要考虑企业自身的管理资源，如人力资源、财力资源、信息资源、知识资源、文化资源等，技术创新的选择应在资源要素达到合理高效配置的水平上。

b. 要考虑企业发展战略，考虑要素要有当前的战略定位、长远战略方向、战略模式选择，如全球战略要求技术创新瞄准同行业及相关领域国际先进水平，竞争战略要求技术创新满足开发市场、降低成本、产品差异化等目标要求。

c. 要结合企业的核心能力与核心竞争力。

d. 要考虑风险因素，包括技术创新成败风险、市场认同风险、投资风险等因素。这些都给管理创新提出了任务和要求。

③ 技术创新能否提高本身的效率和使组织实现预期的绩效，在很大程度上取决于管理创新与技术创新体系和过程能否良好匹配、有效协同、实现递进式互动。近年来，国内外对技术创新管理的研究表明，企业技术创新取得成效主要取决于企业战略、组织模式、文化氛围等因素。

因此，技术创新与管理创新作为建筑企业自主创新的两大组要内容缺一不可，实现二者的协同与融合是建筑企业完成自主创新实现可持续发展的必然要求。

2.1.2　建筑企业自主创新影响力分析

（1）建筑企业的发展导向概述

2001～2010年，我国建筑业市场得到了健康的发展，朝着日渐成熟的方向不断进步。

① 法制建设日益完善。建设部按照《中华人民共和国建筑法》和《中华人民共和国行政许可法》的规定，对从事建筑活动的企业个人执业资格管理制度进行了逐步完善。2005年以来，建设部起草和修订完成了勘察设计、建筑施工、工程监理、招标代理机构，以及注册监理工程师、注册建造师等企业及个人执业资质（资格）管理规定，下放了一部分企业资质审批权限，规范了审批行为，提高了审批效率。

② 市场秩序日益规范。建设部通过对建筑市场招投标环节中的违规问题，工程承包中的转包、违法分包、资质挂靠、不执行工程建设强制性标准问题，以及拖欠工程款等问题的专项治理，建筑市场秩序得到进一步好转，招标投标制度得到普遍执行。

③ 建筑诚信逐步完善。2004年以来，建设部确定了建筑市场信用体系建设的整体目标，印发了指导意见，启动了长三角和环渤海区域诚信体系建设试点工作，2007年初，建设部印发了《建筑市场诚信行为信息管理办法》，

公布了 175 条《建筑市场各方主体不良行为记录认定标准》，全国建筑市场信用体系建设取得了突破性进展，80％的省级建设行政主管部门都建立了失信单位名录，将失信企业信息向社会公开，实现了"一地受罚，处处受制"的市场监控环境。

2010 年至今，建筑企业在法规建设、市场环境、信息化建设、市场监管等方面取得长足进步。2010 年，住房和城乡建设部建筑市场监管司印发了《住房和城乡建设部建筑市场监管司 2010 年工作要点》，以开展工程建设领域突出问题专项治理为重点，加快建筑市场法规制度建设，健全市场准入清出制度，加大市场监管力度，努力营造统一开放、竞争有序的市场环境。

2014 年 7 月 1 日，住房和城乡建设部印发了《住房城乡建设部关于推进建筑业发展和改革的若干意见》。该意见分指导思想和发展目标、建立统一开放的建筑市场体系、强化工程质量安全管理、促进建筑业发展方式转变、加强建筑业发展和改革工作的组织和实施共 5 部分 23 条。发展目标是：简政放权，开放市场，坚持放管并重，消除市场壁垒，构建统一开放、竞争有序、诚信守法、监管有力的全国建筑市场体系；创新和改进政府对建筑市场、质量安全的监督管理机制，加强事中事后监管，强化市场和现场联动，落实各方主体责任，确保工程质量安全；转变建筑业发展方式，推进建筑产业现代化，促进建筑业健康协调可持续发展。

2017 年 2 月 24 日，国务院办公厅颁发了《国务院办公厅关于促进建筑业持续健康发展的意见》。2017 年 6 月 13 日，住房和城乡建设部会同 18 个部委制订了《贯彻落实〈国务院办公厅关于促进建筑业持续健康发展的意见〉重点任务分工方案》，统筹推进建筑业改革发展工作，就提升工程质量安全水平，强化队伍建设，增强企业核心竞争力，促进建筑业持续健康发展，以及推广智能和装配式建筑，提升建筑设计水平，加强技术研发应用，完善工程建设标准等方面明确了工作职责。

（2）近年来宏观经济环境影响分析

① 宏观经济运行逐步恢复常态。2020 年，中国在抗击疫情和经济复苏两条战线上均成为"全球最亮的星"，经济社会发展取得举世瞩目成就。主要表现在：统筹疫情防控和经济社会发展取得重大成果；决战脱贫攻坚取得决定性胜利；宏观调控成效显著。季度的经济增长指标恢复至常态水平，2020 年四季度 GDP 同比增长 6.5％，比 2019 年同期高 0.7 个百分点；规模

以上工业增加值增长 7.1%，比 2019 年同期高 1.1 个百分点。全年就业物价预期目标较好完成，2020 年全国城镇新增就业 1186 万人，超额完成了全年目标任务。2020 年全年，国内生产总值 1015986 亿元，比 2019 年增长 2.3%；全年城镇新增就业 1186 万人，比 2019 年少增 166 万人；城镇居民人均可支配收入 43834 元，比 2019 年增长 3.5%，扣除价格因素，实际增长 1.2%。城镇居民人均可支配收入中位数 40378 元，增长 2.9%。我国经济已由高速增长阶段转向高质量发展阶段，经济体制改革持续推进，内生动能不断增强、经济更具活力和韧性。

a. 经济结构持续优化，消费市场快速复苏，供给体系的适应性和灵活性不断增强。

b. 工业结构优化调整，传统产业转型升级扎实推进，新产业、新业态、新模式蓬勃发展。

c. 房地产市场平稳健康发展，各地"因城施策"落实"稳地价、稳房价、稳预期"目标。

② 固定资产投资增速放缓。2020 年，全年全社会固定资产投资 527270 亿元，比 2019 年增长 2.7%。其中，固定资产投资（不含农户）518907 亿元，增长 2.9%。分区域看，东部地区投资比 2019 年增长 3.8%，中部地区投资增长 0.7%，西部地区投资增长 4.4%，东北地区投资增长 4.3%。

2016～2020 年全国固定资产投资规模及建筑业总产值增速如表 2-1、图 2-4 所示。

表 2-1　2016～2020 年全国固定资产投资规模及建筑业总产值增速

类别	2016 年	2017 年	2018 年	2019 年	2020 年
固定资产投资/亿元	606465.7	641238.4	645675	560874	527270
固定资产投资增速/%	7.9	7.0	5.9	5.1	2.7
建筑业总产值增速/%	7.1	10.5	9.9	5.7	6.2

（3）建筑企业的发展与建设的制约因素分析

① 地区间市场发展的平衡性。全国建筑业发展最快的地区仍然是浙江、江苏、山东、广东、北京和上海。2015～2019 年我国各省市（自治区）建筑企业利税总额分布如表 2-2 所示。

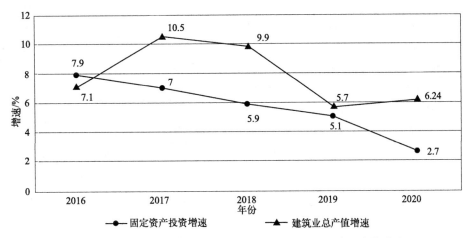

图 2-4 2016～2020 年全国固定资产投资增速和建筑业总产值增速

表 2-2 2015～2019 年我国各省市（自治区）建筑企业利税总额合计数据表

单位：亿元

地区	2015 年	2016 年	2017 年	2018 年	2019 年
北京市	734.96	891.71	943.23	687.17	1047.52
天津市	279.97	189.38	142.54	150.16	166.20
河北省	316.88	315.45	311.7	296.49	286.53
山西省	179.15	187.52	191.29	199.48	211.59
内蒙古自治区	87.64	104.14	94.74	94.37	75.15
辽宁省	355.59	245.77	206.7	239.01	195.36
吉林省	169.90	170.62	160.6	183.62	154.67
黑龙江省	100.99	103.31	86.42	77.36	86.78
上海市	385.06	397.95	376.69	401.14	402.66
江苏省	1741.26	1815.29	1987.99	2284.22	2281.60
浙江省	1186.02	1225.19	1286.28	1026.12	977.46
安徽省	360.58	392.1	409.74	503.49	437.96
福建省	523.95	561.77	688.08	819.53	805.03
江西省	324.37	369.48	384.95	456.09	455.08
山东省	696.53	725.56	801.87	771.4	788.39
河南省	607.69	832.33	876.95	1041.18	1072.45
湖北省	858.18	872.39	912.54	1327.63	1248.08
湖南省	454.65	502.97	547.93	707.63	718.61

续表

地区	2015 年	2016 年	2017 年	2018 年	2019 年
广东省	682.57	722.54	836.47	983.57	1035.72
广西壮族自治区	148	167.50	179.56	221.60	235.24
海南省	20.98	25.13	25.44	36.04	38.40
重庆市	504.7	555.69	593.82	571.79	560.13
四川省	477.37	530.84	597.38	952.99	799
贵州省	104.82	124.01	187.32	225.07	191.76
云南省	219.27	267.54	322.33	431.82	443.21
西藏自治区	11.73	15.11	25.78	31.35	39.17
陕西省	285.79	321.93	342.14	441.42	377.55
甘肃省	122.31	128.28	129.09	123.07	142.08
青海省	26.68	30.22	24.92	29.22	20.21
宁夏回族自治区	37.08	41.52	39.96	35.05	33.63
新疆维吾尔自治区	119.96	130.26	144.67	128.58	115.43

② 建筑市场中各方主体的信用性。尚有一些建设单位不按工程建设程序办事，一些承包企业层层转包工程，一些监理、招标代理、造价咨询等中介机构有失公平、公正。造成这些问题的原因很多，其中一个主要原因是建筑市场发育尚不完善，信用意识较为薄弱，违法违规的失信成本较低；另一个主要原因是各个管理环节没有建立信息共享机制，市场管理和现场管理缺乏联动。信用缺失不仅造成建筑市场混乱、经营成本浪费，也给企业和行业发展带来很大风险。

③ 建筑市场秩序。市场主体行为不够规范，工程款拖欠现象依然存在。大型建筑企业下挂靠的小企业众多，造成实际上的越资质施工现象比较普遍，给施工质量、安全留下隐患。由于建筑市场竞争激烈，垫资施工现象普遍存在，部分项目资金不落实，造成竣工后工程款不能按合约期限支付，致使企业后续发展困难。

④ 由于规模层次不明显，行业集中度较低，导致众多建筑企业在同水平同质量上过度竞争。企业大而全、中而全、小而全现象突出，专业化不明显，竞争层次类同，在某种程度上，建筑企业的部分利润被过度竞争挤掉了。

⑤ 技术创新相对滞后。众多建筑企业在同一层次竞争，企业技术水平档次差距不大，技术特点、特色不明显。而传统的生产要素已逐渐失去主导地

位，前沿科技的创新步伐缓慢。

⑥ 融资能力普遍较弱。随着建筑业对外开放和运作的国际化，开展国际工程承包更要求承包商要有雄厚的资金作后盾，按照一般的国际惯例要求出具银行保函或一定数量的保证金，并在工程初期垫付使用。而我国建筑企业在向金融机构提出申请开具保函时，往往由于企业的财务状况不佳，或企业产权不清，无法得到银行保函，而错失良机。

⑦ 国际市场开拓能力尚待进一步提高。我国建筑企业应更主动加入"走出去"的行列，在更大范围、更广领域、更高层次上参与国际经济合作与竞争，通过对国际市场的分析，确定主要专业市场和区域市场目标；培养企业的国际工程承包人才；创新企业机制，使之适合国际化企业的运作规律；学习国际商务经验，更灵活地驾驭国际工程承包市场。尽管许多建筑企业在上述各个方面已经取得了一定的经验，但市场开拓能力的提升仍有很大空间。

⑧ 综合管理水平亟待加强。建立现代企业制度、经营机制转换、人力资源管理体制、项目管理机制等方面仍然是制约建筑企业提高竞争力的关键性、深层次原因。

⑨ 品牌管理重视不够。建筑企业的品牌最终落足于建设项目的交付使用，因项目管理过度采用两层分离，劳务层流动性大，工匠精神和精品意识难以为继，项目质量不稳定，品牌优势难以树立。

以上一系列问题和不足在较大程度上阻碍了建筑企业的发展，对建筑企业的自主创新能力提出了更高的要求，要求建筑企业在管理、科技、文化、制度、融资以及人力资源等多个方面都需要实现有效的自主创新，优化企业发展状态，增强可持续发展的竞争能力。

(4) 我国建筑企业自主创新的基本情况调研

以建筑企业（勘察、设计、施工、技术装备业、监理等）中的主干——建筑施工企业为例，本研究采用座谈和实名问卷形式，分两大部分从15个方面调研了20余家大中型国内建筑企业的自主创新情况，以实名问卷为主。其中，调研问卷中施工企业自主创新最主要的10项影响因子分别按照最小积分法进行重要性排序和百分比法量化，统计分析如下。

① 施工企业自主创新动力来源如图2-5所示。

② 施工企业近几年发生的创新活动如图2-6所示。

③ 施工企业近几年采取的创新模式如图2-7所示。

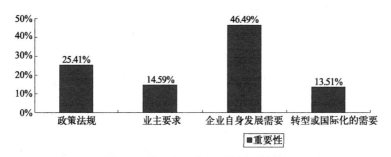

图 2-5　施工企业自主创新动力来源

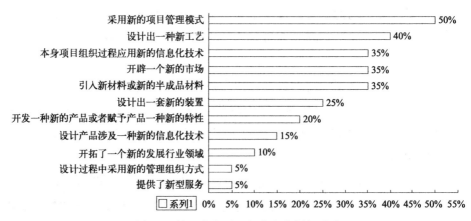

图 2-6　施工企业近几年发生的创新活动

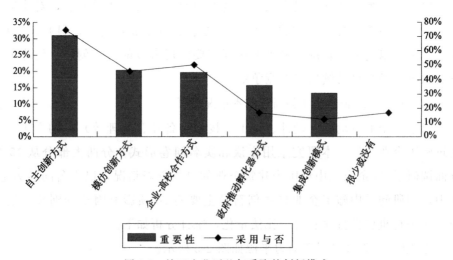

图 2-7　施工企业近几年采取的创新模式

④ 施工企业近几年自主创新的制约因素如图 2-8 所示。

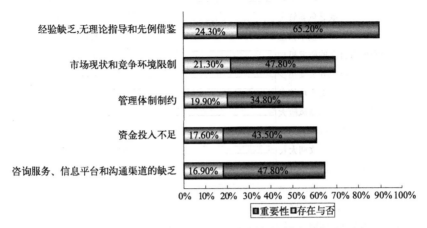

图 2-8　施工企业近几年自主创新的制约因素

⑤ 近几年支持施工企业自主创新的因素如图 2-9 所示。

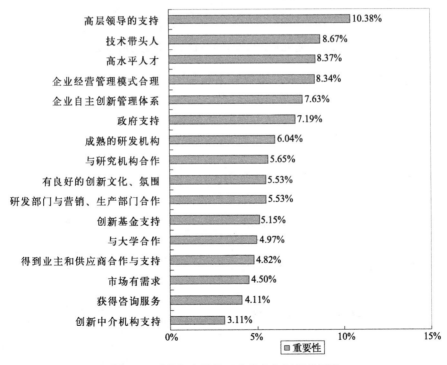

图 2-9　近几年支持施工企业自主创新的因素

⑥ 近几年影响施工企业自主创新能力的因素如图 2-10 所示。

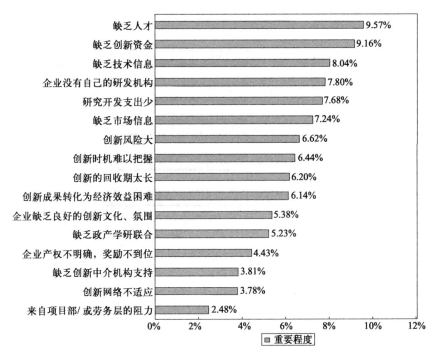

图 2-10　近几年影响施工企业自主创新能力的因素

⑦ 近几年施工企业技术进步效益来源如图 2-11 所示。

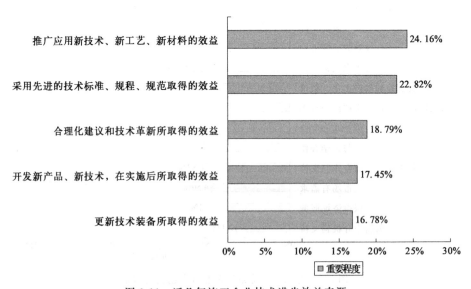

图 2-11　近几年施工企业技术进步效益来源

⑧ 施工企业希望从科研机构获得的自主创新服务如图 2-12 所示。

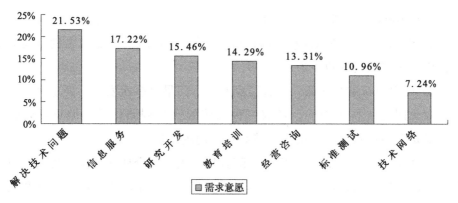

图 2-12　施工企业希望从科研机构获得的自主创新服务

⑨ 影响施工企业与学、研合作创新的因素如图 2-13 所示。

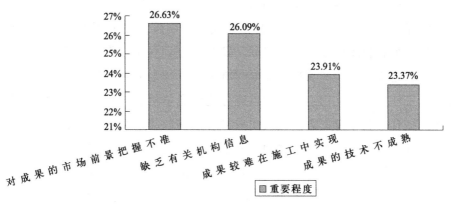

图 2-13　影响施工企业与学、研合作创新的因素

⑩ 经济因素对施工企业创新活动的制约如图 2-14 所示。

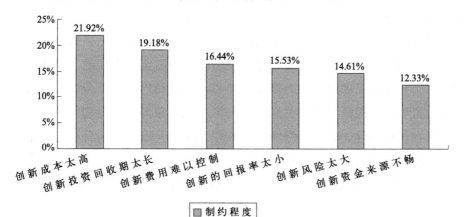

图 2-14　经济因素对施工企业创新活动的制约

（5）影响施工企业自主创新能力的因素分析

纵观上述座谈和实名问卷资料统计结果，影响施工企业自主创新能力的关键因素主要表现在以下方面。

① 自主创新重视度低。尽管国家有关部门早已多次发文，要求大型企业或企业集团建立技术中心，形成一种系统的自主创新体系，但重经营轻技术，满足于在低水平、低层次上薄利运行的现象依然存在。

② 企业没有成熟的研发机构。随着技术进步和全球化进程，建筑企业的自主创新难度渐增。成立研发中心，与市场紧密结合，进行基础学科和技术方面的持续研发，并使之机制不断成熟完善，是提升企业自主创新能力的首选之举。但部分施工企业表面上虽然建立了技术研发中心，但实际上并未按新的体系运行，影响了企业的创新能力提升。

③ 企业制度滞后。企业制度良莠或是影响施工企业创新发展的主要因素。施工企业制度建设应切合实际，发挥企业"主角"作用，避免引进的企业管理理论和方法脱离实际，形成"走过场""走形式"的现象，影响企业发展。另外应创新优化组织机构以充分适应竞争机制，施工企业应以市场为导向，结合企业自身优势，将技术管理、经济核算、物资供应、设备、人力资源等各大系统内部及系统之间的制度相互衔接，创新一个全面的相互支撑的管理制度体系。创建制度的同时还应还加强制度的执行力，有制度不落实或难落实都将严重制约企业的可持续发展，造成企业管理效率和创新能力低下。

④ 缺乏创新人才。建筑市场的竞争，归根到底表现为人才的竞争。人力资源在经济活动中是居于主导地位的能动性资源，在施工企业创新过程中，人力资源潜能的发挥和发挥程度决定着企业的自主创新能力。搞好施工企业的人力资源开发与管理对于顺利地开展创新活动是至关重要的，这不仅是因为施工企业或施工项目是人力资源管理和创新活动的基本单位，而是因为他与人力资源开发最具有直接关系，个人崇尚科学和渴望参与创新的动机，都和他所在单位引导、教育、激励等分不开。因此人力资源的目标的实现影响施工企业自主创新能力的生成。

⑤ 缺乏创新资金和研究开发支出。施工企业资金困难，创新资金更困难是我国建筑业的普遍现象。

a. 资金来源乏力。

b. 建筑施工市场竞争激烈，企业常年低利润率运行，企业积累薄弱。

c. 创新风险大、成本高，又缺乏市场信息，加之企业家精神缺失，部分施工企业存在科技投入量不够，技术进步速度受到不同程度的影响，产业升级相应滞缓。

⑥ 缺乏技术信息。决策的依据需要大量且准确、全面的信息。只有掌握大量准确的信息，才能做出科学的决策。准确而全面的信息才能"加工"成所需要的知识，才能为创新提供坚实的基础，创新才能更有实效。由于企业或研发单位保密、信息渠道不畅以及获取信息的敏感性不高，造成施工企业技术信息缺乏，影响了企业的技术更替和技术进步。

⑦ 缺乏"政企客、产学研"联合。"政企客、产学研"联合创新是近几年提出的概念，此前主要强调产学研相结合。借鉴发达国家的政产学研联盟的成长过程以及关联模式等方面的经验，对我国"政企客、产学研"联盟模式的构建、创新政策的拟定和实施等方面都具有重要的借鉴意义。

2.2　我国建筑企业自主创新管理体系构建

2.2.1　建筑企业自主创新动力来源

（1）早期的政府推动政策

从新世纪开始，我国就开始规划步入全面建设小康社会，国民经济和社会发展取得巨大成就。国家一系列重要会议都把自主创新放在一个前所未有的战略高度，普遍认为要全面落实科学发展观、推进产业结构升级和深入实施科教兴国战略，必须依靠技术创新。由此可以看出，自主创新作为一种国家中长期战略具有非常重要的地位。国家自主创新主要相关政策方针见表2-3。

表 2-3　国家自主创新主要相关政策方针

时间	具体要求（摘选）
2005 年	要深入实施科教兴国战略和人才强国战略，把增强自主创新能力作为科学技术发展的战略基点和调整产业结构、转变增长方式的中心环节，大力提高原始创新能力、集成创新能力和引进消化吸收再创新能力

续表

时间	具体要求(摘选)
2005 年	全面增强自主创新能力,不断推进产业结构调整。要把增强自主创新能力作为科学技术发展的战略基点和调整产业结构、转变增长方式的中心环节。要不断强化创新意识、完善创新机制、培育创新人才,努力走出一条具有中国特色的自主创新之路。要致力于建设创新型国家,正确把握引进技术和自主创新的关系,充分利用现有基础,大力推进原始创新、集成创新和消化吸收再创新,努力掌握拥有自主知识产权的核心技术和关键技术,并加快科技成果向现实生产力转化
2006 年	自主创新能力是国家竞争力的核心,是我国应对未来挑战的重大选择,是统领我国未来科技发展的战略主线,是实现建设创新型国家目标的根本途径
2006 年	增强自主创新能力,关键是强化企业在技术创新中的主体地位,建立以企业为主体、市场为导向、产学研相结合的技术创新体系。 深化科研体制改革,形成开放、流动、竞争、协作的知识创新体系

《中共中央关于制定国民经济和社会发展第十一个五年计划的建议》指出,实现长期持续发展要依靠科技进步和劳动力素质的提高。提高自主创新能力必须着力抓好以下几点。

① 加快建立以企业为主体、市场为导向、产学研相结合的技术创新体系。

② 改善技术创新的市场环境,加快发展创业风险投资,加快技术咨询、技术转让等中介服务。

③ 实行支持自主创新的财税、金融和政府采购等政策,完善自主创新的激励机制。

④ 利用好全球科技资源,继续引进国外先进技术,积极参与国际科技交流与合作。

⑤ 要加强知识产权保护。

在此基础上各地也纷纷出台政策,鼓励企业自主创新,如上海市政府鼓励施工企业储备新技术,在招标的项目中用到该技术能够优先获得工程承包权。山东省政府增加直接投资和补贴额度,由政府掌控并有计划的发放和资助,并通过税前抵扣、税收减免和加速折旧促进企业自主创新。另外,各地通过评选优秀自主创新企业、优秀科技成果来激发企业创新活力。建筑企业的发展要与国家、社会的发展方向相适应,增强企业自主创新能力,提高企业自身竞争力,保证企业持续稳定发展。

(2) 近期的政府推动政策

① 2020 年 3 月,文章《国有企业要做推动数字化智能化升级的排头兵》

提出，国有企业必须全面落实新发展理念，深入实施创新驱动发展战略，加快建设网络基础设施、突破关键核心技术、强化信息安全保障、打造骨干龙头企业、提升产业支撑能力，努力在我国经济社会数字化智能化升级行动中走在前列、作出表率。积极构建产学研用系统创新集群，大力推动数字化智能化产品研发及产业化，加快科技成果转化应用和国产化替代步伐，着力加快数字化智能化转型步伐。积极应用"云大物移智链"等先进信息通信技术，全面提升数据资源应用广度深度和共享服务水平。

② 2021 年 4 月，国家发改委、科技部印发了《关于深入推进全面创新改革工作的通知》，指出全面创新改革的重点任务包括以下几点。

a. 构建高效运行的科研体系。鼓励社会以捐赠和建立基金等方式多渠道投入基础研究，落实科研经费"放管服"改革，赋予科研机构更大的人事自主权，推动科研仪器设备向社会开放，建立支持新型研发机构发展的体制机制等。

b. 打好关键核心技术攻坚战。改革重大科技项目立项和组织管理方式，实行关键核心技术"揭榜挂帅"和"赛马"等制度，推动技术总师负责制，组建创新联合体并组织重大创新任务，推动产业链上中下游、大中小企业融通创新等。

c. 促进技术要素市场体系建设。赋予科研人员职务科技成果所有权和长期使用权，制定科技成果转化尽职免责负面清单和容错机制，推进技术要素市场配置改革，建设专业化市场化技术转移机构和技术经理人队伍，开展科技成果转化贷款风险补偿试点，探索低碳技术交易体系和规则建设，促进创新资源跨主体跨区域合理有序流动机制等。

d. 包容审慎监管新产业新业态。鼓励支持自主创新产品迭代应用，加强知识产权司法保护和行政执法，建立新技术、新产业、新业态、新模式统一的市场准入负面清单制度等。

（3）市场对建筑企业自主创新的拉动

随着经济全球化、信息化和数字经济的进一步发展，我国的建筑市场已经基本放开，我国的建筑企业也开始走向国际市场，这也使得竞争日趋激烈。面对激烈的竞争，施工企业必须提升自身的核心竞争力，也就迫使企业必须寻求新的管理方法和技术。因为作为市场经济主体的企业，最贴近市场、最了解市场、对市场需求最敏感、对市场运作最熟悉，具有自主创新的强大动力，理应成为技术创新的主体。只有充分发挥企业自主创新的主动性和积极性,才能实现市场推动科技,科技促进市场的良性循环。

随着经济的发展,市场对建筑产品和服务的需求也发生了较大的变化,而施工企业要想获得发展,适应这种变化就必须进行自主创新,因此市场拉动了施工企业的自主创新。

(4)建筑企业可持续发展对自主创新的驱动

① 尽管建筑企业在技术和管理上较落后,但凭借着较低的劳动力成本优势,中国成为全球瞩目的制造中心。但若干年后,中国可能会面临人口老龄化、劳动力供应萎缩的局面,建造的成本优势将会减弱。因此,建筑企业的自主创新成为可持续发展的主要途径。

② 建筑企业自主创新应集成多维合力。研究表明,创新力来源于政府推动力、企业内驱力、市场拉动力,三力合成才能发挥最大效力。建筑企业自主创新三维合力示意图如图 2-15 所示。

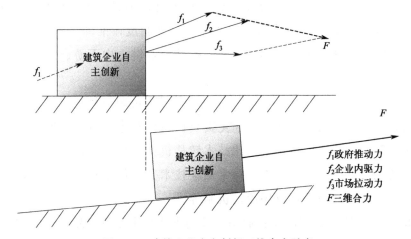

图 2-15 建筑企业自主创新三维合力示意

③ 建筑企业在自主创新过程中的着眼点如下。

a. 要考虑企业发展战略,考虑创新要素的战略定位、战略方向、战略模式选择,满足提高产品质量、降低成本等目标。

b. 要结合企业的核心竞争力。

c. 要考虑企业自身资源,如资金、人力、信息、知识、文化、渠道等。

d. 还要考虑风险因素,包括技术风险、市场风险、投资风险等。

④ 中国企业在自主创新过程中,可吸收借鉴中国传统文化,并将现代管理思想与中国传统文化有机结合,创造出适合中国企业的特色创新。

总之，在自主创新成为国家中长期发展战略的今天，施工企业要想获得可持续发展，提高企业竞争力，必须找到适合企业自身发展的创新模式，奋发求新，成功转型。

2.2.2　建筑企业自主创新研发联盟

（1）企业自主创新体系

企业自主创新体系是由企业自主创新的组织机构、创新要素（包括人员资金、仪器设备等）、制度和机制，以及外部环境等因素相互联系、相互作用构成的有机整体。企业自主创新体系以市场为导向，产品为龙头，效益为中心，管理为基础，把企业内部研究、开发、生产、营销与综合管理协调统一起来，立足于企业自身实际，有效选择创新管理和开发模式的组织整体。

随着现代经济的发展，尤其是在客户需求复杂化，建筑产品个性化、高科技化，以及建筑材料设备日新月异的背景下，建筑企业自主创新的组织机构仅仅依靠自身的能力难以实现创新目标，因此各种自主创新研发联盟应运而生。现代意义上的建筑企业自主创新管理体系是基于这种创新研发联盟的管理体系。

（2）企业研发联盟的界定

① 对于研发联盟，目前的共识认为它是 1917 年在英国建立的研究协会（research association）的高级形式。当初建立这一制度的初始目的是为了解决第一次世界大战期间产生的各种技术问题，以及克服研发中资金匮乏的难题。研究协会采用的组织结构是以行业为单位，主要是由中小企业参与的永久联合体。

② Dinneen 把研发联盟定义为由两家或以上的企业所组成，共同进行研发工作，将研究成果直接转移给成员企业并进行研究成果的商品化的组织。Kata 认为研发联盟是假设成员企业设立一个共同的研究室，在共同进行研究之前，协议共同分担研究所需花费的成本以及共同分享研发成果的组织。Hagedorn 和 Narula 认为研发联盟是两个以上的竞争企业进行资源整合，产生一个新的合法个体来从事合作研发的组织。

③ Mothe 和 Queilin 简单定义研发联盟为企业间为了共同目标（如开发新产品、过程创新等）而进行的合作计划。

④ 李东红认为企业研发联盟是指企业通过与其他企业、事业单位或者个人等建立联盟契约关系，在保持各自相对独立的利益及社会身份的同时，在一段时间内协作从事技术或者产品项目研究开发，在实现共同确定的研发目标的基础上实现各自目标的研发合作方式。

⑤ 唐赤华定义的研发联盟是一种在资源不足的条件下提高创新效率、加快技术进步步伐的技术创新方式，是后进地区企业技术创新的极佳途径。

⑥ 汤建影认为研发联盟是基于适应消费者快速变化的需求、共享有限资源、分担研发成果并有效规避风险的目的的企业之间的一种合作形式。

⑦ 王安宇、司春林认为研发联盟是指若干独立企业为了共同的知识生产目的，以契约为纽带，通过共享彼此的研发资源而形成的一种合作研发组织模式。

⑧ 陈黎琴认为研发联盟是指企业与企业之间或者其他机构通过结盟方式共同创建新的技术知识和进行知识转移，是各种形式的企业联盟中最主要的实现形式之一。

⑨ 师萍着重对虚拟研发联盟进行了界定，认为虚拟研发联盟是通过信息网络系统将不同学科、不同领域、不同地区、不同行业、不同部门的科研资源迅速联合成一个虚拟整体，借助虚拟研发平台，实现信息的沟通、共享与管理，从而实现研发合作，不需要科研人员的实际流动。这样既可扩大合作范围，实现全国乃至世界范围的一些相关科研组织的合作，而且可节约成本，提高效率等。

综上所述，企业研发联盟是指为了提升技术创新和产品开发能力，以企业为核心，与其他企业或研究机构、大学等通过契约关系，建立的优势互补、风险共担、利益共享的组织。该组织基于特定的研发目标，共同研究和开发新技术、新产品，并最终实现研发成果的商业化、产业化。研发联盟常以许可证协议、联合研发、建立研发公司和包含互助研发的合资企业等形式出现。

（3）建筑企业自主创新研发联盟的特点

① 目标明确性。建筑企业的自主创新研发联盟是企业为了提升创新能力而建立的组织。研发联盟的缔结与企业重大的创新活动密切相连。具体而言，研发联盟的目的和动因主要包括以下 4 个方面。

a. 增强企业的研发能力。

b. 提升技术创新的平台。

c. 拓展技术创新的空间。

d. 促进行业技术标准的建立。

② 行为战略性。建筑企业的自主创新研发联盟是企业战略性的合作行为，是企业着眼于未来竞争环境和长远发展的战略性选择，因此需要基于企业的战略目标确定企业研发战略，并以此为引导促成企业组建研发联盟。无论伙伴选择、确立研发联盟目标，还是在进行合作研发的过程中都渗透了企业的战略目标。

③ 技术主导性。建筑企业构建自主创新研发联盟重点是为了提升技术创新和开发能力，因此技术在研发联盟中具有主动性。在组建研发联盟和选择合作伙伴的过程中，主要考虑合作各方技术能力的互补性、研发资源的强弱、合作过程中的契约安排和利益分配，并且需要重点考虑各方投入的技术资源的多少和各方技术能力的强弱。

④ 管理复杂性。由于建筑企业自主创新研发联盟存在多个参与方，但各个参与方仍保持其自身的独立性，依托联盟增强研发能力，从事创新和开发活动，因此研发联盟存在较大的管理复杂性。管理复杂性主要体现在以下几点。

a. 研发联盟的参与者包括企业、科研机构、大学、政府，各个合作方的组织文化、行为方式、生存环境有很大差异，能否相互融合具有不确定性，管理复杂性相对较大。

b. 各个合作方的技术平台有较大的差异，为了实现研发目标，需要相互融合，并形成更高层次的技术平台，在合作研发过程中增加了管理的难度。

c. 研发联盟不同于一般的产品联盟，是以合作技术创新和新产品开发为主要目标，技术无法量化，难以衡量，而伙伴选择需要依据合作方的技术资源和技术能力，合作中的利益分配也要考虑各方在技术创新和产品开发中的贡献大小，因此会增加管理的复杂性。

（4）建筑企业自主创新研发联盟的构成框架

建筑企业自主创新研发联盟可以被看作是一个生态系统，建筑企业自主创新研发联盟的构成如图 2-16 所示。主要包括：生态环境（技术环境、社会文化环境、竞争环境、政策环境）、直接环境（研发社会网络、信息服务网络、研发基础设施、技术平台）。

（5）建筑企业自主创新战略联盟

基于上述理论，建筑企业的研发联盟应是以企业技术研发中心为主体，以政府为导向，以业主及其需求为引领，以行业协会、设计院为推力，以高

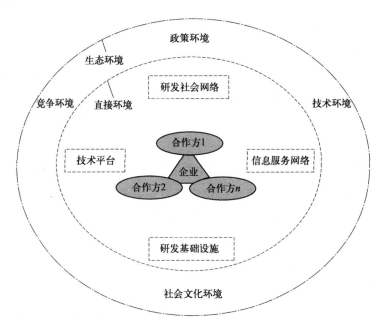

图 2-16   建筑企业自主创新研发联盟的构成

校、公共研究机构为支撑的"三维六方"的全方位自主创新战略联盟，能快速应对创新需求，高效能创新产出，实现快速提升企业技术水平和互利共赢的目的。建筑企业自主创新战略联盟构成如图 2-17 所示。

2.2.3   建筑企业自主创新管理体系建设

（1）构建建筑企业自主创新管理体系的意义

对建筑企业而言，构建自主创新体系有其自身的特殊性。建筑活动具有一次性、长期性、复杂性等特点，而建筑施工是以项目为导向的，每个项目都是独特且无法简单复制，因此建筑企业自主创新体系要具有特殊性、针对性、可持续性、可实践性。建筑企业自主创新体系是以施工企业为主体，结合政府机构、建筑科研机构及高校等构成统一的战略联盟。各机构间资源相互支持，在外部环境影响下，以建设项目为主导，把技术创新、服务创新、知识创新有机结合起来，形成有针对性的、不可复制的组织整体，构成充分互动的有中国特色的创新体系。

（2）构建建筑企业自主创新管理体系的作用

构建建筑企业自主创新管理体系是在经济全球化快速发展的背景下，建

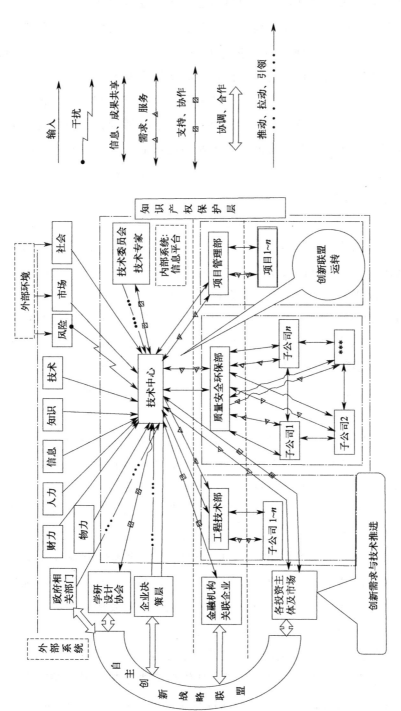

图 2-17 建筑企业自主创新战略联盟构成

筑业竞争日益激烈的必然产物。建筑企业自主创新管理体系帮助施工企业打破传统创新模式的局限，使创新活动更具有系统性、目的性和有效性。具体来说，构建自主创新管理体系能够完善企业创新制度，理顺创新管理流程，从而帮助企业提高自主创新的积极性，及时认识企业发展的不足之处以及对创新对象和内容提出的新要求，获得政府和专家的支持和帮助，投入充足的人财物等基础力量，合理整合内外部资源，使创新活动得到最优化，促使创新成果及时投入使用，有效帮助建筑企业的创新活动得到高效有序的持续健康运转，从而增强企业市场竞争力，提高可持续发展能力。

（3）建筑企业自主创新管理体系的建设原则

① 开放式原则。建筑企业自主创新活动的投入、产出及收益的核心主体是建筑企业，但整个创新体系需要社会多主体的支持，因此需要采用开放式体系，通过各主体间资源交换等社会交互作用构成创新体系的组织和空间结构，从而完成体系架构。主要体现在以下方面。

a. 实力为尊原则。自主创新需要雄厚的专业实力，需要大量与创新对象相关的专业知识作为创新基础，而建筑企业主要强项是进行施工及施工管理，进行技术创新、管理创新等科研开发的能力是有限的，科研机构的专家们提供的专业支持显得尤为重要，因此科研机构与建筑企业建立良好的合作机制将有力地推动建筑企业实现自主创新。

b. 合作原则。各建筑企业之间建立创新合作机制，形成自主创新战略联盟，有效促进优秀创新思想的流通，打破企业自身创新能力的局限，通过引进创新的方式，提升自身市场竞争能力，推动可持续发展。

c. 设计主导原则。加强与设计单位的合作。建筑企业与设计单位的合作对进行施工技术方面的自主创新有着重要的意义，因为设计单位的设计成果是由建筑施工单位负责实现的，施工单位的施工技术将影响设计实现的效果。施工单位的技术创新需要设计单位的支持，并且在施工技术实施过程中遇到问题需要设计变更或设计单位参与援助也是很重要的，因此二者的合作将有效促进建筑企业技术创新活动的进行。

② 制度建设原则。制度的力量在于以规范性、可预见性和强制性引导和制约人们的行为，成功构建自主创新管理体系需要把制度因素摆在突出的位置上加以考虑，强调制度的制定及执行对于创新活动顺利运行和资源形成、利用及扩散交换的重要作用。

③ 流程原则。工作流程是工作顺利进行的重要保障，可以让工作进展更加有计划性起到促进意义。

（4）建筑企业自主创新管理体系的体系主体

建筑企业是处在社会环境中的一个大机体，建筑企业的自主创新是以企业自身为主体的，但不能是完全孤立的，需要考虑到各种因素的影响，因此建筑企业自主创新管理体系应采用开放型，其主体具有多元性的特点。

a. 建筑企业基于可持续发展进行的自主创新活动必须要考虑各个相关联主体的利益不被损害，并要努力实现共同发展。

b. 各相关主体不可避免地会对建筑企业的自主创新产生各种各样的影响作用，只有构建合理的自主创新管理体系，将各不同的主体有机地联系在一起，才能在各主体间形成健康有序的资源流通机制，从而相互协调、相互促进，推动建筑企业自主创新活动的顺利进行。

建筑企业自主创新管理体系的主体如下。

① 工程施工企业。工程施工企业是实现自主创新的实施主体，位于核心地位，因此企业内部自主创新系统的建立尤为重要。企业内应设立专门的创新研发中心，即创新团队。技术创新和管理创新是建筑企业自主创新的两大主要内容，因此可以将创新团队分为技术创新团队和管理创新团队两大部分，分别负责技术创新和管理创新，采纳建设单位提出的创新需求，并收集企业各级部门包括从领导决策层到各个项目部以及每个员工个人提出的创新需求或意向，组织团队进行研发创新。

② 设计单位。设计属于具体实现建筑施工的前向环节，是实施阶段的第一个环节，也是基础环节。设计成果决定着施工单位的施工成果，建筑企业技术自主创新的应用也需要设计单位的引领和支持。

③ 高校、科研机构。高校、科研机构专家是建筑企业专家委员会的主要来源，为建筑企业各项自主创新提供知识和信息支持，也是建筑企业自主创新的有力后盾。

④ 政府部门。政府部门为建筑企业自主创新提供政策法规支持，形成促进自主创新进行的宏观社会环境。

⑤ 业主建设单位。建设单位是建筑企业自主创新特别是技术创新的重要受益者，也是建筑企业创新资金的重要来源。

⑥ 关联企业与产业。建筑业的关联产业与企业涵盖建筑机械加工、销

售、租赁产业；建筑材料生产企业（钢材，水泥，五金，防水、保温材料，电缆电线，给排水材料），以及建筑模板、脚手架的生产企业等。建筑企业可以同各关联企业建立合作机制，通过技术引进、管理方式借鉴的途径创新自身技术以及水平，打破本企业创新研发能力的限制。关联企业与产业也是许多进步技术得以实现的必然需要。

建筑企业可以与设计单位、高校、科研机构、政府部门、业主建设单位以及各关联企业共同组成自主创新战略联盟，即"政企客、产学研"的"三维六方"联盟，推动企业自主创新管理体系的运行。

（5）建筑企业自主创新管理体系架构

① 建筑企业自主创新管理体系由主体要素、功能要素和环境要素三个层次组成。其中主体要素即为创新活动的行为主体，主要包括建筑企业、设计单位、建设单位、政府部门、高校、科研机构、关联企业与产业等，构成了体系的"骨架"。功能要素即为各主体之间的管理与运行机制，保证信息、知识等社会资源在各主体之间的顺畅流通和交换，对体系的顺利运行起到"筋骨脉络"的作用。环境要素则是企业创新活动的基本背景，是维系和促进创新的保障因素，一般可以分为硬环境和软环境两个方面。其中硬环境主要指资源支持，可以通过人才的培养、资金的投入来加以完善，而软环境则包括市场环境、政策经济环境等，可以通过提高社会环保意识，加强政府支持力度等途径来加以完善，起到"肌体"的作用。总之，处理好各要素之间的结合关系，对于发挥创新体系的功能、提高体系效率至关重要。建筑企业"政企客、产学研"集成自主创新管理体系如图2-18所示。

② 建筑企业自主创新管理体系高度强调投资主体（业主）、设计院、建筑企业在市场拉动创新模式下的引领、推动、能动的交互作用。业主的新颖需求首先由设计满足，设计的先进性直接拉动项目部通过创新来实现，而建筑企业的"被动创新"又必须通过其能动意识和与企业技术创新管理体系紧密结合才能得以实现。因此，在市场拉动创新模式下，业主、设计院起着信息源和引领创新的重要作用。

③ 建筑企业自主创新管理体系也凸显了行业协会的参与及其作用。协会的职能之一是负责制定并执行行规、行约和各类标准，建立自律机制，协调同行业之间的经营行为。而各类标准就是企业、行业创新成果的结晶。行业协会作为行业整体的代表，能利用自己的整体实力较好地处理和协调各类关

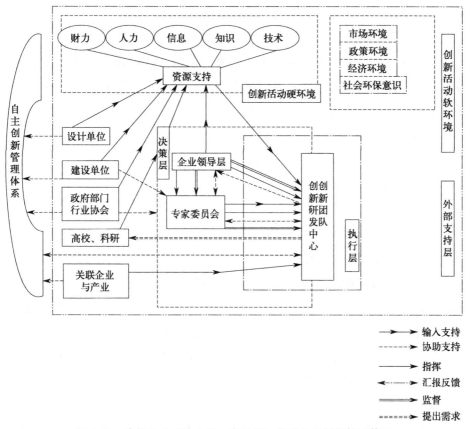

图 2-18　建筑企业"政企客、产学研"集成自主创新管理体系

系，从而可以促进或引领企业创新，减少单个企业的运作成本，提高效率。行业协会这种非行政机构在对同行业技术创新的组织与管理方面具有独到作用。行业协会依据共同制定的章程体现其组织职能，推动技术、经济协作，建立信息沟通平台，开展国内外经济技术交流与合作，组织人才、技术培训，增强企业抵御市场风险的能力，维护企业共同的经济权益，规范与市场行为，调配市场资源，最大限度地支持企业的自主创新活动。

2.2.4　建筑企业自主创新团队建设

（1）优化创新人才结构

创新团队是建筑企业自主创新的具体实施者，创新团队的建设应该以建筑企业自主创新管理体系为条件平台，以与高校、科研机构的联合为依托，以企业中的旗帜性人才、杰出人才、特聘教授专家等为核心，以自主创新立项项目为载体，提高建筑企业的自主创新能力。

择需招聘是优化人才结构，提高企业旗帜性人才、杰出人才质量的最直接途径，也是把好人才关的第一步。为避免招聘工作的盲目性以及招聘计划的不合理性，应根据人力资源规划做出招聘计划，为不同的岗位补充创新型人才，一般的招聘需求主要有以下几类。

① 现有创新职位空缺。

② 现有创新人员队伍结构不合理。

③ 创新需要的新增职位。

④ 创新急需的人才引进。

⑤ 创新需要的必要人才储备。

在招聘过程中需要遵循公开、公平、高效、择需、择优的原则，招聘对建筑企业自主创新有帮助的创新型人才，不仅要考察待聘人员的专业水平及技能素质，还需要将学习能力、发散思维能力、主动性、成就动机、创新意识以及合作意识和团队沟通能力列入到选优的标准中。

招聘过程中应遵循先内后外的原则，内部员工对企业情况更加熟悉，可以在较短的时间内开展工作，例如外地项目部创新型人才空缺，首选方案应是在本部或其他项目部调派。在采取外部招聘的形式时，则应该充分考虑到其所需的培养时间和成本开支。建筑企业创新人才内部招聘与选拔流程如图2-19所示，建筑企业创新人才外部招聘流程如图2-20所示。

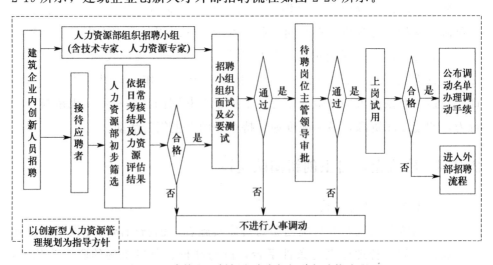

图 2-19　建筑企业创新人才内部招聘与选拔流程

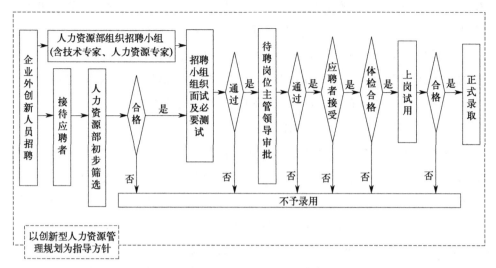

图 2-20　建筑企业创新人才外部招聘流程

在内部招聘与选拔中，正式调动之前的岗位试用是为创新活动吸纳合格人才的重要保证。仅通过员工在原岗位的日常考核结果，以及招聘时的面试测试成绩而推测其对新岗位的胜任程度有着很大的不确定性，仅仅能在一定程度上作为用人的依据，而岗位试用就可以有效地解决这一问题。通过安排员工在新岗位的实际工作，对其在新岗位的创新绩效进行考核，从而得出其对应聘岗位的胜任程度，做出科学的调动决定。

在外部招聘中也面临着同样的问题，仅靠事前考核难以得知应聘人员与竞聘岗位的真实契合度，再加上创新活动有着研发期长，收益晚的特点，更需要较长的试用期，这需要政府有关部门给予必要的政策支持。

总之，无论是内部招聘还是外部招聘，试用期间都需要对应聘者进行科学合理的考核，挑选出真正有助于企业自主创新的优秀人才。这也对创新人力资源考核系统提出了更高的要求，通过量化考核指标使考核更加可行，使考核结果更加科学，是实现择需招聘的前提。

（2）加强与设计、高校、科研机构、业主等的合作共享

增强企业的自主创新能力，除了企业"练内功"之外，一条重要的途径就是加强与政府、设计、高校、科研机构、业主及关联产业的合作。企业的自主创新并不意味着只是基于内部研究资源进行创新，在世界经济全球化、信息化、知识化的时代，企业的自主创新更多的是综合利用企业内部和外部

研究资源进行创新。"政企客、产学研"结合可以实现信息共享、资源共享、优势互补、分担风险，从而缩短研发周期，提高转化效率，提升企业创新能力，降低研发成本。因此，建筑企业在创建自主创新团队的过程中应该从企业的封闭式创新中走出来，探讨开放式创新模式，借助"外脑"、把握前沿，注重凝聚自身与"政企客、产学研"的"三维六方"优势。

（3）坚持建筑施工企业的主体地位

坚持企业员工在创新团队中的主体地位是增强企业自主创新能力的必然要求，提高企业员工素质，增强自身创新能力是企业在创新过程中保持自己主体地位不动摇的关键。以建筑施工企业为主体，主要是从分工和交易的角度，从创新链条不同的责任角度来理解这个主客体，只有建筑施工企业才是为最终产品承担责任和风险的主体，因此建筑施工企业在自主创新过程中必须坚持自己的主体地位。坚持施工企业在创新活动中的主体地位与提高建筑企业自主创新能力之间有着相互影响相互促进的作用。

2.3 建筑企业自主创新管理体系运行机制

2.3.1 建筑企业自主创新管理体系联动

（1）建筑企业自主创新管理体系运行程序

① 快速有效的运转是体系发挥作用的最终表现形式，能否在遇到临时出现的创新需求时及时完成自主创新，并使资源优化利用，需要设计合理的流程来给予支持，使体系高效运转起来，发挥作用。随着科学技术的进步和建筑业的快速发展，建筑企业面临着越来越多的创新需求。一方面，层出不穷的新型建筑设计以及对施工过程节能环保要求的提高需要施工单位进行有效的技术创新；另一方面，经济全球化的快速发展和日益激烈的市场竞争要求建筑企业不断地进行合理的管理创新，保持生生不息的发展活力。因此，建筑企业需要做好充分的智力储备，设计出合理的创新流程，在遇到需求时快速实现创新，只有这样才能抓住机遇，提高竞争力。

② 在设计的创新流程中，各部门的智力资源情况是关键，而创新研发中心是核心，负责各创新主体间信息资源的传递协调以及整个创新过程的控制管理工作，影响着创新资源能否供给充足、智力支持能否及时到位、创新活

动能否朝着正确的方向高效顺利完成。建筑企业应对型（市场拉动型）自主创新流程属于第一类自主创新管理流程。建筑企业应对型（市场拉动型）自主创新流程，即市场拉动型管理流程如图 2-21 所示。

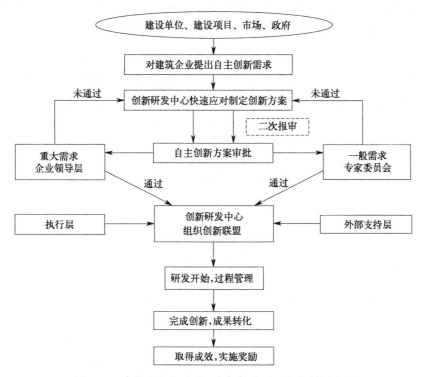

图 2-21　建筑企业应对型（市场拉动型）自主创新流程

建筑企业应对型（市场拉动型）自主创新流程能帮助建筑企业及时应对市场需求，创新活动有着明确的目的性和近乎 100% 的转化率，这类创新有以下显著特点。

a. 时间紧迫，对智力储备要求高，需要团队合作，高效工作及管理。

b. 对成功率的要求高，甚至不允许失败。

c. 创新成果较易有一次性的特点，创新成本较高。

d. 需要传递快速准确的信息，同时需要信息在不同机构、企业等创新主体间得到大量分享。

③ 随着城市化进程的持续进展，工程结构科技技术的进步以及施工工艺的发展，高层、超高层、大跨度、地下建筑趋于主流，各种结构趋于复杂的新奇特建筑也越来越多地出现在人们的视线中，例如上海世博会的中国馆。

大跨度、高净高，上部钢结构层叠外挑，再加上大型深基坑的开挖等问题，都给施工单位的施工带来了难度。目前，绿色可持续的观点也已经深入人心，对建筑企业绿色施工技术的要求越来越高，这些都对建筑企业提出了施工技术创新的要求。因此，对于建筑企业来说，不仅要做好智力储备，在遇到临时创新需求时及时进入创新活动，还要做好技术储备，在遇到创新需求时能够马上拿出成果，避免时间紧迫、成本高等创新难题。

④ 建筑企业全面、高效能的自主创新需要在创新管理体系的支持下，在保证应对型创新流程顺利运转的基础上，还需要建立起能够协助企业进行先进施工技术储备的预见型创新管理流程，建筑企业预见型（科技推动型）自主创新流程属于第二类自主创新管理流程。在此流程中，质安环保部门、工程技术部、专家委员会以部门为单位向创新研发中心推荐创新思路，创新研

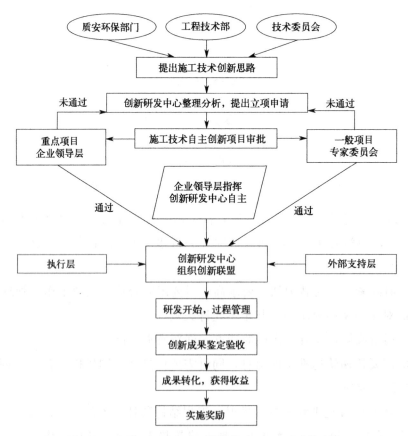

图 2-22　建筑企业预见型（科技推动型）自主创新流程

发中心将各种思路加以整理分析，设计可行的创新方案，提出立项申请。创新研发中心也可以直接在领导层的指挥下自主立项，设计创新方案。在科技推动型（预见型）创新流程中，主要的参与者均为企业内部部门主体，沟通协调较容易，时间限制较宽松，成本缩减也较容易实现，更易提高创新成果的性价比。建筑企业预见型（科技推动型）自主创新流程，即预见型管理流程如图 2-22 所示。

合理的流程和制度是体系运转的重要动力，在建筑企业自主创新管理体系中，应对型运转流程和预见型运转流程应互相补充，共同作用，只有这样才能充分发挥该体系的作用，满足企业发展要求。

（2）建筑企业的自主创新管理体系联动关系

创新联动即在建筑企业自主创新过程中政府、行业协会与建筑企业、项目咨询行业、勘察设计、技术装备等各类紧密相关企业之间的创新联动与动力集成，共同促进建筑企业自主创新的发展。为企业创新发展助力的建筑企业自主创新联动关系如图 2-23 所示。

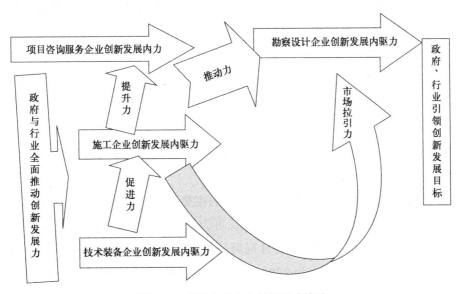

图 2-23　建筑企业自主创新联动关系

（3）发挥市场对建筑企业自主创新的拉动作用

创新不是目的而是手段，建筑企业实施自主创新的最终目的是要获得经济效益，而决定创新报酬的是市场的需求，企业必须将创新成果应用于生产实践之中，提高创新成果转化率，才能实现自主创新的真正意义，市场是检验自主创新成果的最终标准。因此要保证自主创新活动从市场中来，到市场中去，以市场需求为导向实施自主创新活动，取得出新成果后再回到市场中去，最终创造价值。

阻碍我国建筑技术进步的症结之一就是科研成果转化率过低，这一方面与一些科研成果投入高、摊销面窄、效率低有关，另一方面也与我国的工程建设管理体制有关系。例如，我国工程建设过程长期被划分为由不同主体完成的各个阶段，各个主体之间的信息沟通存在孤岛现象，技术创新成果分散，导致在工程建设方案确定过程中不能及时应用新成果。即使技术创新成果被采纳，还会受到诸如工程造价管理体制的制约，无法实行优质优价，从而挫伤企业采用新技术的积极性。为了促进技术创新成果转化为现实生产力，可以从以下几个方面采取措施。

① 大力推行工程项目总承包，为总承包企业发挥技术优势提供广阔空间。

② 建立完善建筑技术信息网络，为建筑企业与科研机构、高等院校及相关企业间的技术交流提供平台，以充分利用科学研究资源。

③ 建立完善的技术产品定价机制，促进技术成果的交易。

（4）借力政府、高校对建筑企业自主创新成果的引导、推动和成本分摊

近年来，政府与社会的导向对我国企业自主创新领域的影响主要体现在以下几个方面。

① 每年都有大量由政府牵头的科研创新项目实施，是推动创新活动的最重要动力。

② 政府是我国教育资源和科研机构的主要控制力，我国拥有庞大的教育体系，每年可以培养很多高学历人才，可为企业的创新发展提供助力。

③ 截至 2021 年，据国家统计局网站消息，初步测算，2021 年我国研究与开发（R&D）经费投入为 27864 亿元，比 2020 年增长 14.2%，扣除价格因素，实际增长 9.4%；R&D 经费与国内生产总值（GDP）之比达到 2.44%，比上年提高 0.03%。其中，基础研究经费为 1696 亿元，增长 15.6%，增速比全社会 R&D 经费快 1.4%；占 R&D 经费比重为 6.09%，比上年提高 0.08%。2016～2021 年全国 R&D 经费及投入强度情况如图 2-24 所示。

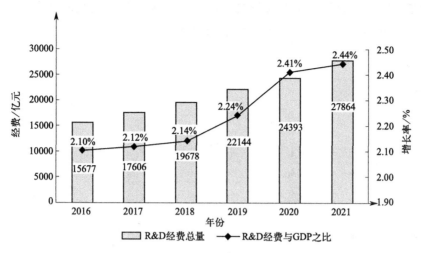

图 2-24　2016～2021 年全国 R&D 经费及投入强度情况

④ 截至 2020 年，中国高等学校科研机构数量达到了 19988 个，相比 2019 年增加了 8.75%。2016～2020 年中国高等学校科研机构数量如图 2-25 所示。

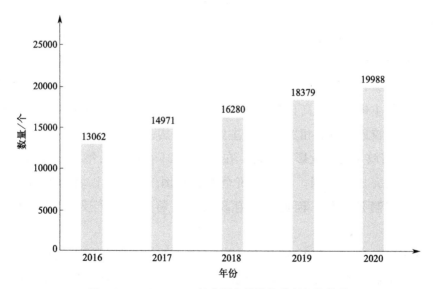

图 2-25　2016～2020 年中国高等学校科研机构数量

⑤ 2016～2020 年，中国高等学校 R&D 人员数量及全时当量呈上升趋势。2020 年，中国高等学校 R&D 人员数量达到了 127.4 万人，相比 2019 年增加了 4.1 万人；R&D 人员全时当量达到了 61.5 万人/年。R&D 人员全时

当量指全时人员数加非全时人员按工作量折算为全时人员数的总和。2016～2020 年中国高等学校 R&D 人员数量如图 2-26 所示。

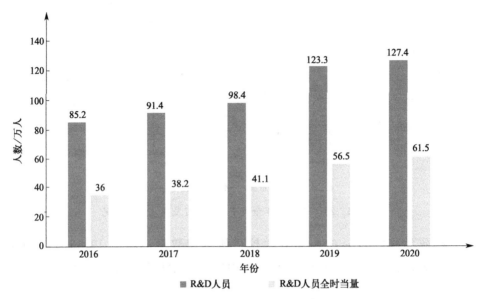

图 2-26　2016～2020 年中国高等学校 R&D 人员数量

⑥ 截至 2020 年初，我国建有 316 个国家重点实验室，共建成 350 多个国家工程研究中心，拥有 115 个国家大学科技园。高等学校获得 70％以上国家自然科学奖、国家技术发明奖和 62.5％以上的国家科技进步奖。作为我国科研机构的主体之一，高校是国家科技创新的主体，除了肩负培养人才的重任以外，高校还是政府相关项目的主要研究机构。

⑦ 政府政策对企业影响深远，在刚进入 21 世纪的几年里，我国许多大型国有企业完成了改制，各大建筑企业也不例外，但我国特有的所有制结构——公有制是主体，因此，政府政策方向将对企业行为方向产生重大影响。

基于以上几点，发挥政府、高校对建筑企业自主创新的引领将会有效地促进建筑企业自主创新的发展。因此，行业主管部门应制定建筑企业中长期自主创新规划和有关策略，积极引领和提升建筑企业总体创新水平的提高，大力发展环保节能建筑施工，提高施工的机械化水平，促进建筑企业增长方式的根本性转变，支持企业重点开发具有自主知识产权的专利和专有技术，鼓励企业以大型工程项目为平台，组织产学研联合攻关，制定具有自身特点的企业技术标准和施工工法,增加企业的核心技术储备。

2.3.2 建筑企业自主创新激励机制建设

(1)公平、公正、公开的科学考核

① 激励制度是促进创新活动积极开展的催化剂,考核是激励制度实现理想效果的前提。考核的结果决定着激励系统中的绩效薪酬、晋升情况以及对员工的培训及发展规划。创新型人力资源更加重视其成果获得的认可程度及得到激励的公平性,因此建筑企业创新型人力资源考核系统中绩效考核机制的建立要遵循公开公正、结果导向、标准量化、全面考核、人性化等原则。

② 创新能力考核指标的合理设计是判断员工胜任程度的重要依据。对建筑企业员工创新能力的考核往往停留在"能"的阶段,过于抽象,将指标量化是实现科学考核的首要任务。建筑企业对员工创新能力考核指标分成三类,施工企业自主创新能力考核指标体系如图 2-27 所示。

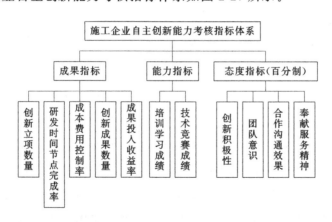

图 2-27 施工企业自主创新能力考核指标体系

③ 在全面考核的过程中,各考核主体的考核因素及权重分值各有不同,考核主体主要考核因素及所占权重分值如图 2-28 所示。

④ 科学确定各指标所占权重分值及对评价结果合理修正也是准确考核的前提条件。在创新人力资源考核系统中,申诉流程是不可缺少的部分,体现了管理的人性化,符合创新型人才的需求特点。建筑企业自主创新人力资源考核流程如图 2-29 所示。

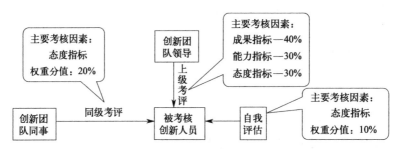

图 2-28　考核主体主要考核因素及所占权重分值

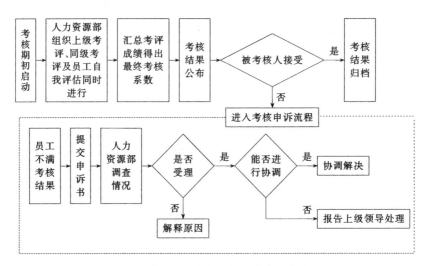

图 2-29　建筑企业自主创新人力资源考核流程

⑤ 在实现公正考核的同时，还可以通过计算机网络等方式建立人力资源评估机制，通过心理测试或其他方式得到员工的性格特征、成就动机、兴趣偏好，以及影响工作绩效和职业发展的深层次的价值观念，对员工进行全面评估，与绩效考核结果一起作为选用员工、为员工制定发展规划的依据。这样不仅能帮助企业提高用人效率，还能够促进人性化管理的实现，增强员工的归属感，有利于企业留住人才、吸引人才。

（2）激发创新积极性的激励系统

激励措施的有效作用是促使人力资源充分发挥其能动性及创造性的必然需要。要使激励措施的效果得到充分发挥，必须要建立完善的激励系统，将激励机制制度化。因此，要想优化激励系统的激励效果，需要注意以下几点。

① 物质激励与精神激励相结合，重视精神激励。物质激励是基础动力，

而精神激励是促进创新型人才致力于创新活动的根本动力，精神激励与物质激励相比有着激励作用大、持续时间长的优点。对于业务扎实同时有着创新能力的高素质人力资源来说，他们的需求层次较高，更加希望受到别人的尊重、信赖和高度评价，实现自身价值。

② 重视团队激励，培养员工参与意识。创新型人力资源更注重追求业务上的成就，忠诚于对职业的承诺，而非企业组织，由于建筑企业工作地点流动性大，施工条件艰苦，被很多人误认为是"低人员素质、低社会地位"的工作，很多有创新能力的高素质复合人才离开建筑企业，去其他行业寻找实现自身价值的机会。因此需要通过培养激励性团队，帮助员工产生超越自我的团队精神，使其感到自己是企业的一份子，增强其主人翁意识。

③ 满足人才不同层次的需求，使激励方式实现多样化。马斯洛理论告诉我们，人的需求是有层次性的，是多种多样的，不同的员工有着不同的心理追求、价值取向等，因此激励方式不能过于单一，应该使其多样化，依据考核系统中人力资源评估的结果，针对员工个体的特征有的放矢，使激励措施效果达到最优。

除了常用的薪酬激励、晋升激励、长效培训激励机制之外，知识产权激励机制尤为有效。由于创新成果的完成及最终投入使用需要较长的一段时间，其带来的收益更是不能马上体现出来，而其需要投入的时间费用成本则是立竿见影的，因此对于更加关注自身收益的企业员工来说，投入时间精力追求这种未来收益的积极性不高。实施产权激励制度，可以使关键的创新型员工成为产权的所有者，按其对创新成果做出的贡献获得期权和股权，分享企业将来使用该创新成果获得的剩余收益，促使员工更加关注创新的长远报酬，保证创新能力的持久性。

2.3.3　建筑企业自主创新的途径

（1）全方位开展技术创新

① 国内外技术创新投入分析。技术创新是自主创新的重要内容。没有投入，很难有产出。从我国的科研基础和研发资金投入与美、德、日等国家同比看来，无论是在科研支出总量、科研支出占 GDP 的比重，还是科研人员所占比例方面，我国与这些国家还存在着较大的差距。

② 国内外专利申请增长迅速。专利统计的申请量和拥有量是一个国家或地区科技水平高低的重要指标，可以从侧面反映一个国家或地区的创新能力、科技水平和市场化程度，衡量该国家或地区的科技产出和知识创新。中国发明专利申请量和拥有量随经济增长而快速增加，中国国家知识产权局近几年授权公开的专利数量统计如表 2-4 所示，中国国家知识产权局近几年授权专利增长状况如图 2-35 所示。

表 2-4　中国国家知识产权局近几年授权公开的专利数量

年份	2014	2015	2016	2017	2018	2019	2020	2021	年均增长
专利数量/件	229724	332155	419995	421155	432228	448504	530289	696070	17%

注：年均增长指 2014～2021 年的复合增长率。

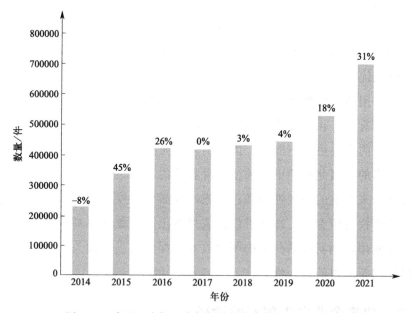

图 2-30　中国国家知识产权局近几年授权专利增长状况

③ 信息技术已经突飞猛进，目前几乎已经渗透到社会工作的各个领域，在工程中的应用越来越广泛。建筑企业要实现现代化管理，提高管理水平离不开建筑信息模型（BIM）、人工智能（AI）的应用。建筑企业从投标开始到竣工验收交付使用，除必须具备过硬的施工技术外，还应采用先进的施工管理手段，而先进的施工管理手段和必要的施工技术分析则需要依靠 BIM、

AI 来完成。

（2）建筑企业制度创新

① 项目管理责任制建设。通常建筑工程项目的规模比较大，订合同到实施过程中问题较多，涉及成本、安全、进度、质量、生产要素管理、索赔变更等各项管理内容，因为项目具备独特性的特点，各个项目不同，管理内容不同、方法不同、人员不同。如何做成单个成功的项目，如何同时完成多个成功的项目，首先要以项目管理为核心创新项目管理责任制。

项目管理责任制的落实与否、实施好坏，将决定项目管理的效果与成败。项目管理责任制以项目经理为责任主体，用以确认项目经理部与企业、职工之间的责、权、利关系。实行从项目开工到竣工验收交工的一次性全过程的管理。项目经理在授权范围内处理，协调处理各方包括业主、监理、设计、分包以及政府主管部门等相互关系。建筑企业内部要创新市场机制、用人机制、分配机制、服务机制和监督机制等有效机制来保证项目经理责任制的落实。

项目目标导向的责任制创立是项目管理创新的催化剂。项目目标简单地说就是实施项目所要达到的期望结果，即项目所能交付的成果或服务。项目的实施过程实际就是一种追求预定目标的过程。因此，从一定意义上讲，项目目标应该是被清楚定义的并且可以是最终实现的量化的特征值。由于项目目标往往不是单一的，而是一个多目标系统，项目承包者通过一个项目的实施，实现一系列的目标，满足多方面的需求。不同目标在项目的不同阶段，根据不同需要，其重要性也不一样。例如，启动阶段可能更关注技术性能，实施阶段主要关注成本，验收阶段关注时间进度。对于不同的项目，关注的重点也不一样，例如单纯的软件项目可能更关注技术指标和软件质量。

项目基本目标表现为三方面，即时间、成本、质量标准（或技术性能）。当项目的三个基本目标发生冲突的时候，成功的项目管理者会创新措施进行权衡，进行优选。当然项目目标的冲突不仅限于三个基本目标，有时项目的总体目标体系之间也会存在协调问题，都需要项目管理者根据目标的优先性进行创新选择。因此，建立项目目标导向的责任制，本身就是挑战，就是管理创新的推动。

② 合理的薪酬制度。建立公平并且能够激发成员努力工作、踊跃创新的薪酬体系是一项重要任务。以团队工作为基础的薪酬体系能很好地强调项目

部成员之间互相合作的重要性，但是也会导致团队成员失去动力，特别是团队中能力比较强的成员。

薪酬制度是企业制度的一个组成部分，当然也会受到企业内其他制度的影响，因此要建立一套完善的现代企业薪酬管理制度，建立"对外有竞争性，对内有公平性，创新有激励性"的薪酬体系。

（3）企业文化建设创新

企业文化是企业共同遵守的价值观、信念和行为方式。企业文化中创新元素的容量，决定着企业创新氛围。

① 企业文化应该体现科学精神、共有价值观念和团队精神。近年来，我国很多企业的文化建设是通过建立良好的外在形式以期获得无形的企业文化，结果往往导致企业文化流于形式，企业文化建设的结果经常显得呆板、雷同，企业文化的传播常以行政指令形式出现。

企业文化的最重要部分是行为方式，企业真正的文化其实并不是那些冠冕堂皇的"书面文化"或者"口头文化"，而是企业员工的行为方式。片面追求企业文化的形式，往往注重价值观表述，追求愿景华丽，却忽略企业文化的内涵，诸如贴在墙上的"求实""奋进""争创一流"等的标语式文化。企业和员工的外在形象、豪言壮语等只是企业文化的表象。只有表层的形式而未表现出内在价值与理念，这样的企业文化不能形成文化推动力与催化剂。

然而，随着人才市场的开放，人才的流动性日益增强，员工对企业的归属感越来越弱，受尊重和自我实现的需要呈飞速增长的状态，企业很难满足员工的精神需要。员工的个人私利在社会价值观影响下迅速膨胀，造成了企业员工合作意识的弱化。我国企业中"团队精神"呈现出弱化的趋势。

② 企业文化创新在于营造共同价值观、促进建立共同愿景。企业文化对组织学习具有推动作用，主要表现为产生弥散于整个组织的一种浓厚的学习氛围和价值氛围，能够增强员工对企业价值观、企业经营风格等的认同感。彼得·圣吉指出："一个缺少全体忠心共有的目标、价值观和使命的组织，必定难成大器"。

项目团队的共同愿景建立在个人愿景的基础上，但它并不是个人愿景的简单加总，要想使所有成员都认同，必须在全体成员之间确立价值认同和共同发展的基础理念。通过建立全体成员共同为之奋斗的目标，形成企业的凝聚力和向心力，激发员工的热情、干劲，调节员工之间的关系，培养员工的团队精神，促进组织学习，真正达成共同目标、共同愿景。

③ 企业文化强调创新、鼓励自我超越。企业文化重视创新及创新能力的应用，提倡终身的、全员的、全过程的、团体的学习理念，开辟广泛学习途径和不断地革新和超越自己的学习模式、思维模式，对组织学习有良好的促进作用。

不断营造竞争的文化，促进组织学习。竞争有利于发现人才，有利于增强企业开展争鸣、提升组织的活力、激励企业的创新、实现多元化。项目团队中营造竞争的环境有利于人才的发现和成长，有利于员工发现自身的不足，实现不断的自我超越。竞争使得组织里的每个成员都面临压力，努力完善自身，促进了组织的进步。但是竞争并不等于同类相残、恶性竞争。项目团队中需要的是和谐的竞争，可依靠人才的互补效应，充分发挥整体功能，团队成员知识互补、技能互补，实现"1＋1＞2"的放大作用。这种竞争还可以应用于与同行甚至竞争对手之间，建立一种真诚协作、互惠互利的合作竞争关系。良好的竞争环境可以直接提升个人学习、团队学习和组织学习。

④ 展现企业文化的强大精神推动力和凝聚力。建筑企业员工构成具有分散作业强，流动工人多的特点，这就使得企业文化建设落地困难。企业内部良好的文化结构、和谐氛围下的员工关系和领导关系、饱满热情的工作状态等都是企业持续发展的基本要素。建筑企业要重视企业文化创新并不断促进文化落地，才能在适应多元化的建筑市场，在激烈的竞争的脱颖而出。

（4）建筑企业管理创新

① 目标管理创新。项目管理的核心是目标管理，目标管理主要包括成本管理、质量管理、进度管理、安全管理。成本多少、质量好坏、进度长短将直接影响工程项目的成败。项目是以成本为中心，成本是企业绩效管理的核心问题，至关重要。

建筑企业要创新成本管理的责任体系与运行机制，加强全过程、全方位的成本管理。建筑企业从投标承揽工程开始到竣工验收，每个阶段都应做好成本计划、成本预测、成本控制、成本分析并完成成本考核。

建筑企业作业层如何按照上级下达的成本计划执行，控制人、机、料的消耗是目标管理创新的重要突破口。一个工程的成本包括很多方面，不同方面有不同的控制方法。人工成本控制方法是提高劳动生产率，有效地利用劳动力；材料成本控制方法是从量和质的角度控制材料，材料品质、材料损耗、材料单价等都影响其成本的变化；机械使用成本控制方法是通过缩短机械使用周期来提高效益；施工现场成本控制方法是通过现场管理降低成本。此外，还有文化成本、运输成本、财务管理成本、安全成本等。

② 质量管理创新。质量是企业的生命，企业要获得市场主要靠质量。创新质量管理的重奖重罚制度，充分调动广大职工的工作积极性，发挥群众智慧，改进工艺，实现施工技术的创新。

持续深入开展全面质量管理和群众性 QC（质量控制）小组活动和施工工法研发，为质量水平的不断提升创造条件。通过工器具、关键技术的开发和管理方法的创新，实现不断创优和铸造精品工程的目标，赢得顾客满意，从而不断开拓新领域，占领新市场，最终达到市场创新的目的。

③ 自主创新与队伍素质提升方法创新。建筑企业职工包括管理岗位人员和施工项目直接作业人员，对于管理岗位人员的培训可采取脱产培训的方法，尤其是那些关系企业经营发展的重要管理岗位人员更应加大培训力度，例如开设专家讲坛，召集新技术对接，应用专项推进会议等，不断提高企业技术与管理水平。项目直接作业人员因流行性较大，难以进行统一培训，应以岗前培训为主。在项目实施过程中鼓励采取师傅带徒弟的方式，并奖励精心传艺的好师傅和学艺有成的好徒弟。此外，也应鼓励职工自学，获取相关证书等。

（5）组织机构创新

① 传统的组织结构是金字塔式的层次化结构方式，不利于信息的传递，易产生信息的断流或截流，传递的效率过慢，管理费用过高。面对当今的信息时代，这种组织结构已经严重地阻碍了企业各方面的发展，限制基层主观能动性和团队应变能力的挥发。

② 组织结构应转变为扁平化、弹性化、网络化组织结构。扁平化的组织结构能够促进团队合作，减少多余的控制环节，最大限度地促进知识流动和学习；弹性化的组织结构要求一旦创新战略目标确定，必须相应地对组织机构做出调整，以适应创新战略实施的要求，不能一成不变死守僵化的组织结构；网络化的组织结构优点在于能促进组织中的成员间的信息与经验的交流与分享，鼓励公开平等的讨论。网络的形成还使人们超越等级制度，更快地达成一致，使组织对环境变化的反映速度大大提高。

③ 建筑企业组织机构创新首先要明确企业管理的性质、特点，明确企业和项目部的组织关系。实现组织机构创新，只有建立健全科学合理的组织机构才能够保证创新活动高效、快捷、稳定开展，组织机构的设置应符合弹性原则，建设项目的单件性、一次性、开放性的特点，使得建筑产品建设地点、质量、所需生产要素持续变化。这就要求建筑企业组织的设置和管理工作都能适应施工项目的这种变化，不能一成不变，要有调整人员及部门设置的能力。

④ 组织机构的设置还应符合刚性产业结构原则，也就是可以跨地区开展工程项目，开拓新事业，但跨地区项目决策的及时性和准确性必将受到影响，此时组织机构的设置应做适当调整，将权利适当下放到项目部，但权力下放大小要综合考虑企业的管理能力、项目离企业的远近程度以及项目经理的素质。

（6）管理方法创新

管理方法创新的目的是不断推动建筑企业的技术进步。在学习国外先进管理方法同时，坚持自主创新，不断推进工程管理知识和技术的进步如下所示。

a. 创新管理理念。

b. 创新方法与手段。

c. 实施信息化管理，建立和充分利用企业的信息集成系统。

d. 创新管理流程，保证工程管理工作符合高效率、高质量、低消耗和环境保护的要求。

e. 创新绿色采购机制，不断引用新材料、新工艺、新技术和新设备。

f. 持续改进组织模式，通过组织结构的改善，实现提高效率和效益的目的。

（7）建筑企业投融资方式创新

① 企业融资渠道创新。建筑企业持续生产经营需要足够的资金，资金筹措是建筑企业资本运作的起点，在何时、采用何种方式、谁去筹措资金、筹措多少等是企业财务管理急需解决的问题。建筑企业融资需求大致可分为原有传统房建业务资金需求和新业务资金需求。前者指建筑企业交纳招投标保证金、履约保证金、产业工人工资保障金、各种保函保证金等，以及施工过程中的垫资所需资金，施工单位若没有雄厚的资金实力或是强大的融资能

力，承接业务困难，还会带来企业发展难题。后者指建筑企业提供一体化服务，采用新的承包模式，如 BOT（建设-经营-转让）模式、TK（交钥匙承包）模式等，都需要大量的资金完成工程项目。建筑企业要分析所需资金状况采取不同的策略，如采取短期融资策略和长期融资策略。

② 投资途径选择。建筑企业应结合建筑业的生产经营、管理特点，发挥自身的优势，利用自身的有利条件来研究其投资的途径，实施投资的决策，以取得较好的投资收益，来降低建筑企业单一产品风险。

（8）建筑企业人力资源管理创新

① 树立人力资源管理观念。一个国家的强盛需要人才，一个企业的发展需要人才，而当今的国家的强盛、企业的发展尤其需要创新型人才。通过对人才和创新型人才内涵的界定，可以知道，作为人才大都具有一定的创新潜能，而创新型人才是创新能力特别突出的人才。因此，制定的对吸引和开发人才有利的各种政策也必然是对创新型人才的吸引和开发有利的政策。

企业在进行人才体系建设时，尤其应该关注这个体系中创新型人才的问题。在制定人才政策、进行人才培养时，应该特别注意创新型人才的引进、培养和发展问题。

人力资源管理是必须随着企业内外部环境的变化而变化，建立在企业管理平台之上。因此，建筑企业应首先明确加强人力资源管理的理念，注重人力资源规划，以企业总体发展规划和改革方向为指导，以企业远景规划目标为导向，坚定人力资源管理理念，规划设计人力资源管理。

② 有效的人力资源激励机制建设创新。美国管理学家斯蒂芬·罗宾斯将激励定义为通过高水平的努力实现组织目标，而这种努力以能够满足个体的某些需要为条件。通过激励，激发人们的动机，从而调动人们的积极性和创造性，最大限度地发挥人们的潜能，达到实现组织目标的目的。马斯洛的需要层次理论、赫茨伯格的双激因素理论、麦克莱兰的三种需要理论都认为每一个人都有不同层次的需要，有较低层次的需要，如生理需要、健康需要等，也有较高层次的需要，如成就需要、尊重需要、自我实现的需要等。人有着一种固有的全面实现自身目标并形成新目标的内在动力，人生的价值与意义在于不断实现心中的目标，人工作的意义也正在于不断形成和实现心中的目标，从而不断促进自我的发展。虽然物质需要是人的第一需要，但真正的有为之士也需要成就感、认同感等社会需要。激励机制就是要通过满足人

的不同层次的需要，来激发人的创造和创新潜能，最大限度地发挥人的能动性。

③ 进一步创新外部激励机制。团队激励的外部机制是一种外在的体制保障，用来保证团队能在一种良好的环境中运作，这种环境主要包括了团队绩效测评考核机制、薪酬机制和信任机制。团队的绩效测评包括团队整体绩效测评和个体绩效测评。团队绩效测评的主体是组织，个体绩效测评的主体是团队，在这种情况下的个体绩效测评可以从绩效测评的目的出发，遵循"谁绩优，谁受益"原则。绩效测评的目的在于改善个体工作，最终提高整体绩效。从这个角度看，考核主体只需对考核个体为其带来的那部分绩效所做的工作进行考核。将薪酬与工作绩效相对应，以目标实现为导向的激励机制，能够在一定程度上起到吸引和留住人才的作用，当然光有高的薪资也是不够的，这就要求企业注重人文关怀，加强对员工的精神激励。

④ 加大内部激励。影响团队激励的内部因素主要包括团队目标、自主权与团队合作。目标是团队五要素中的第一个要素，是团队组建的动力，也是团队激励中最强大的一个激励因素。尽管团队具体目标各不相同，但所有团队都有一个共同的目标，就是把工作上相互联系、相互依存的人们组成一个群体，能够以更加有效的合作方式达成个人的、部门的和组织的目标。个体加入团队的目的也不完全相同，有的希望自己的能力有所发挥，有的希望满足一种感情上的归属，有的希望完成任务后能获得一定的物质报酬，还有的希望在团队中获得一种地位。如果个体在完成团队任务的同时也满足了个体的需求，达到了自身的目标，那么团队目标就与个体目标达成了一致，反之团队目标对个体就不存在激励作用，要靠外部激励措施来达成。目标一致程度与目标激励之间存在一种正相关的关系，即一致性越高，激励强度越大。所以对于管理者来说，充分了解团队中个体的需求是很重要的，直接关系着激励的效果如何。

自主权是团队激励中另一个很重要的因素。从团队的发展趋势可以看出，真正意义上的团队是一个自我管理、自我监督、自我激励的团队。这种自我管理需要组织对团队授予充分的权利，这种授权不仅仅是授予团队中某一位领导权利，而是要团队成员都有一种参与意识。在自我管理团队中，每个成员都可以成为团队的领导。集体领导的智慧可以得到充分体现，每个人的潜力可以发挥到最大，这也是人们对团队管理的一种期望。尽管自主权所带来的激励效果是惊人的，但运作不当也会使团队一片混乱，许多团队建设因此而失败。

⑤ 高度重视职工的职业生涯规划，不断为员工创造职业发展机会，才能真正实现人力资源管理的目标，制定具有长期性的激励机制。企业若想维持持续发展，就必然需要一支相对稳定的人才队伍，因此公司必须建立高效的长期激励机制。例如注重福利，为员工设置长远的福利计划，采取股权奖励手段等，使员工和企业长期密切结合，减少离职率。

（9）人力资源管理评价方式创新

人力资源管理是一项持续、渐进的过程，人力资源管理政策的制定和实施可能存在一定问题，这就需要通过对人力资源管理活动进行有效性的评价获知，并对其进行改良、改进，从而提高人力资源的管理水平，保证人力资源管理是有效性的管理。

① 建立以能力和业绩为导向、科学的社会化的人才评价机制。坚持走群众路线，注重通过实践检验人才。

② 完善人才评价标准，克服人才评价中重学历、资历，轻能力、业绩的倾向。根据德才兼备的要求，从规范职位分类与职业标准入手，建立以业绩为依据，由品德、知识、能力等要素构成各类人才评价指标体系。

③ 改革各类人才评价方式，积极探索主体明确、各具特色的评价方法。完善人才评价手段，大力开发应用现代人才测评技术，努力提高人才评价的科学水平。

④ 企业经营管理人才的评价重在市场和出资人认可，专业技术人才的评价重在社会和业内认可。

⑤ 对人力资源管理尽量量化评价。要定期做好人才政策贯彻落实情况的检查和督促，要以完善考核为关键环节，研究制定体现科学的发展观和正确的政绩观要求的管理人员考核评价体系，把人才工作和推进科技进步纳入管理人员实绩考核中。不仅要考核管理人员的实绩，更要考核管理人员是否在正确的理论和科学的方法指导下，认真履行职责；不仅要考核管理人员的政绩，还要分析政绩的实际作用和长远影响。

⑥ 加大对创新人物、创新企业、创新品牌、创新发明的奖励力度，竭诚为科技人才投身科技创新、技术改造、引进推广创造必要的工作生活条件，提供广阔的事业发展舞台，真正做到既能"引得来"，又能"留得住"，更能

"用得好"，发挥出人才的最大效益。

（10）建筑企业服务创新

① 企业服务机构设置创新。经济的不断发展和社会的高度信息化，使得客户对产品的期望值越来越高。满足客户的要求就需要建立企业和客户之间沟通的桥梁，因此建筑企业在生产经营中应首先建立以客户为中心的服务机构。目前很多大型建筑企业都设置了客户服务中心，加强企业与客户之间的交流和沟通，及时反馈客户信息，为客户解决问题。通过建立的客户服务中心使企业经营以市场为导向，最大限度地服务客户，创造企业新形象，塑造企业品牌。当然仅仅设置服务机构是不够的，还应建立服务网络平台，利用信息化的手段加强与客户之间的交流，并对服务机构的成效做出评价，在不断的改进中提高。

② 客户服务意识创新。客户服务意识提高除了设立专门的服务机构外，还应注重全员的客户服务意识。首先企业的发展方向取决于高层领导的作用，领导者对顾客服务的表现将成为企业文化的教程，直接影响下属员工的表现，所以作为领导者更应增强客户服务意识，注意言行表现，创新企业服务文化。其次是员工的客户服务意识，对于建筑企业来说，员工在施工过程中将客户的意愿传达给企业管理层，更多地起到沟通作用，可以说员工是在服务的第一线。建筑企业应提高员工的服务素质、服务水平并充分调动员工的服务积极性。

（11）建筑企业节能降耗与创新

① 节能技术、工艺创新。建筑企业应结合本企业和工程的实际情况，细化节能降耗目标，严格落实节能责任制；加大技术创新力度，加快淘汰高能耗、高材耗、重污染的施工工艺和技术；进一步完善节能降耗管理体制和工作机制，制定实施节约激励政策规定，强化监督管理；建筑节能降耗向勘察设计、施工图审查、监理、质量监督等各领域扩展，倡导工程设计的科学合理实用，避免建设领域的奢侈浪费。

② 生产组织创新。能源浪费往往在生产产能不均衡、生产组织不合理、生产设备能力不匹配等情况下发生，因此，合理安排生产是企业节能管理不可忽视的一个方面。建筑企业应精心组织、全面筹划，依据工程规模、工程质量、工程工期和工程协议约定的条款建立项目管理团队和项目控制目标，编制切实可行的施工组织设计和分部分项工程施工方案，科学组织、合理安

排，确保工期和质量。在项目实施过程中确保资金满足需要，及时提供物资需求，保证原材料供应，根据劳动力需求计划及时招聘劳动工人以及做好培训工作，考虑农忙及冬雨季影响，选用先进机械设备，确保施工安全和提高工作效率。

（12）建筑企业 HSE（健康与安全环境）的保障与创新

① HSE 管理与协作创新。建筑企业应以 ISO 14001 环境、OHSAS 18001 职业健康安全管理标准为依据，从产业工人的视角实行职业健康、安全、环境一体化管理。环境管理包括评估、监测、教育、现场实施与监督检查；安全管理包括施工安全、交通安全、机械安全、消防安全、劳动防护用品等；健康管理包括工业卫生（防尘、防毒、防噪声）、现场卫生、生活卫生、医疗救护等。建筑企业 HSE 管理水平的提高需要人力、物资、资金的保证，这也是 HSE 管理体系实施的硬件基础。另外，为了保证建筑企业 HSE 管理的顺利实施还应加强与各方的协同合作，如加强对分包商的管理，加强对分包商的资质管理并做好协商沟通，在分包商中树立坚持 HSE 管理体系的思想，并加强监督检查。分包商承担了大量的工程施工和和劳务工作，是影响 HSE 执行力的关键因素。与建设单位沟通，自觉接收建设单位的监督检查，建筑企业应促使建设单位注重职业健康、安全、环境管理，尽量为建设单位排除施工中的不利因素。建筑企业还应积极配合监理单位开展工作，积极改正在 HSE 管理方面存在的问题。

② 安全文明施工与创新。阻碍建筑企业安全发展的主要因素是安全技术水平和安全管理水平。一些项目为了赶工期或节约成本而忽视安全问题，但是一旦发生安全事故就会造成工程停工、返修等，致使成本升高，工期延长，使问题更加严重。因此建筑企业应当始终把"安全第一"作为企业基本经营方针，坚持"杜绝事故发生，发现事故隐患及时整改"的指导思想，全面开展"零事故"目标活动。

（13）供应链管理创新

① 信息平台建设创新。供应链管理在提升企业竞争力方面具有明显的优势，建筑企业供应链管理的关键是现代化信息建设，供应链管理将供应商、制造商、零售商、用户通过信息流连成一个整体。信息流的实现和管理需要一个平台，现代信息技术的发展为建筑企业供应链节点各企业的信息共享提供了保证。建筑企业首先应跨越组织边界将各供应链企业联系起来，进行信

息交换，减少人工干涉。其次供应链的建设要符合临时性的特点，当出现某个企业退出供应链时并不会影响整个项目的顺利实施。

② 信任机制创新。保证供应链信息共享的前提是企业之间的信任，以确保供应链上的协同信任。建筑企业应建立信任合作机制，树立共享、共赢理念。供应链各节点企业应建立一套阻止相互欺骗的防范机制，提高行为和政策的透明度以消除各企业之间的隔阂。信任机制的有效建立可以提高整个供应链团队的工作热情。在团队中，信任不仅仅是一种情感或精神上的激励，更是一种需要作为制度建立起来的机制。强调团队的信任机制所产生的激励是因为一旦确立了信任关系，供应链团队共同努力的产出将超过仅建立在自身利益最大化行为上的产出。企业之间建立信任的必要性也是这样。组织、团队和个体之间信任机制的建立是基于一定基础的。信任不仅仅是上级对下级，团队对个人，而且是组织、团队和个体之间的一种双向互动的过程，这样才能建立起有效的供应链团队信任机制。

（14）建筑企业自主创新联盟知识产权保护

① 建筑企业自主创新联盟的利润分配机制。建筑企业自主创新联盟知识产权的协议保护具体是指企业创新联盟为了完成特定的研发目标，联盟各个成员之间约定参与主体在研发、分享各自核心技术和研究成果，并分享最后研究成果等活动中的权利和义务。

根据国家科委产学研合作办公室的两次调查，在影响高校、科研机构和企业之间合作的因素中，利润分配不当占49%，人事关系不协调占19%，其他因素占32%。各独立企业组建企业自主创新研发联盟，主要目的就是追求利润的最大化。合理的利润分配机制必须能够平衡联盟成员的资源投入、承担的风险、沟通努力，能够合理分配各个成员对研发联盟的产出。这要求建筑企业自主创新研发联盟在制定利润分配方案时，必须遵循一定的原则，以使得最后的利润分配方案更加合理并且更易被各个成员所接受，也有利于研发联盟运作的稳定性。

② 企业研发联盟的风险防范体系建设。建筑企业自主创新研发联盟是一项复杂多变的系统工程，存在联盟体的多重属性、联盟组织的动态性、联盟成员的多元化、组织上的非持续性等诸多不确定性因素。这些因素的存在容易导致联盟合作的不稳定性及合作目标难以一致，更严重的将导致研发联盟的瓦解。因此，构建建筑企业自主创新联盟风险防范体系将为企业合作研发

的成功提供有力的保障。

2.3.4　建筑企业自主创新技术路径层次分析

（1）企业自主创新技术路径权重分值

① 层次分析法（AHP）原理。由于建筑企业自主创新各路径对企业来说重要性程度是有所不同的，为了准确得到各创新路径的重要性程度，因此选用层次分析法（analytic hierarchy process，AHP）确定各类指标权重分值。层次分析法是一种将定性与定量相结合的多目标决策分析方法，把相互制约的复杂问题分解成各组成因素，通过分析各因素的分配关系，简化为递阶层次结构模型，通过比较的方式，确定最底层相对于最高层的相对重要性权值，然后进行综合判断，确定层次的排序并作一致性检验。

层次分析法属于系统分析法，是由美国运筹学家 T. L. Saaty 教授于 20 世纪 70 年代中期提出的。它是指一种对复杂现象的决策思维过程进行系统化、模型化、数量化的方法，在资源分配、企业管理、生产决策、管理信息系统等众多领域被广泛采用。层次分析法是模拟人脑对客观事物的分析与综合过程，采用定量和定性相结合的方法来认识和评价由多因子组成的多层次的复杂开放的生态系统。

② 层次分析法（AHP）应用。用层次分析法分析问题大体要经过以下步骤：明确问题——→建立层次结构模型（目标层、准则层、方案层）——→构造判断矩阵——→层次排序计算——→一致性检验。运用层次分析法确定评价元素的权重分值，通常情况下可以按以下步骤进行。

a. 建立层次结构模型。对评判对象进行层次分析，将问题中所包含的因素划分成不同的层次（目标层、准则层、方案层）确立清晰的分级指标体系。

b. 构造两两对比判断矩阵。通过相互比较确定各准则对于目标的权重分值，即构造判断矩阵。判断矩阵元素的值表示人们对各元素关于目标的相对重要性认识。不把所有因素放在一起比较，而是两两相互比较，当以上一层次某个因素作为比较准则时，可用一个比较度 a_{ij} 来表达下一层中第 i 个因素与第 j 个因素的相对重要性。

c. 指标的确定。评价目标为建筑企业自主创新技术路径，因此评价指标体系层次结构分为目标层——建筑企业自主创新技术路径；准则层——建筑企业技术创新、制度创新、管理创新等 7 个指标；方案层——加大技术创新投入、增强技术创新意识等 33 个指标。层次分析系统如表 2-5 所示。

表 2-5 层次分析系统

目标层	准则层	方案层
建筑企业自主创新技术途径 A	建筑企业技术创新 B_1	技术创新意识 C_1
		信息化建设 C_2
		技术创新投入 C_3
	建筑企业制度创新 B_2	项目管理责任制 C_4
		合理的薪酬制度 C_5
		企业文化建设 C_6
	建筑企业管理创新 B_3	目标管理 C_7
		队伍素质 C_8
		组织机构创新 C_9
		企业创新联盟 C_{10}
	建筑企业投融资方式创新 B_4	企业融资渠道创新 C_{11}
		投资途径选择 C_{12}
	建筑企业人力资源管理创新 B_5	企业人力资源管理的理念 C_{13}
		科学系统的人力资源管理制度 C_{14}
		有效的激励机制 C_{15}
		人力资源管理自我评价 C_{16}
	建筑企业服务创新 B_6	企业服务机构 D_{17}
		客户服务意识创新 D_{18}
	建筑企业节能降耗与创新 B_7	节能新技术新工艺 D_{19}
		生产组织创新 D_{20}
	建筑企业 HSE 的保障与创新 B_8	HSE 管理与协作 C_{21}
		安全文明施工与创新 C_{22}
	供应链管理创新 B_9	信息平台建设 C_{23}
		信任机制创新 C_{24}

③ 指标权重分值的计算

判断矩阵的确定。调研组邀请专家对各级评价中各个因素的重要程度两两进行比较，用于建立 AHP 的判断矩阵分布权重分值。为了得到量化的判断矩阵，采用 1～9 标度法，通过专家背对背打分，分别考查准则层因素和方案层因素的相对重要性。路径功能评价指标权重分值如表 2-6 所示。

表 2-6　路径功能评价指标权重分值

目标层	评价指标			
	一级指标	权重分值	二级指标	权重分值
建筑企业 自主创新 技术路径 A 评价权重	建筑企业技术创新 B_1	0.2976	技术创新意识 C_1	0.500
			信息化建设 C_2	0.250
			技术创新投入 C_3	0.250
	建筑企业制度创新 B_2	0.1998	项目管理责任制 C_4	0.320
			合理的薪酬制度 C_5	0.558
			企业文化建设 C_6	0.122
	建筑企业管理创新 B_3	0.1251	目标管理 C_7	0.326
			队伍素质 C_8	0.148
			组织机构创新 C_9	0.188
			企业创新联盟 C_{10}	0.362
	建筑企业投融资方式创新 B_4	0.1251	企业融资渠道创新 C_{11}	0.750
			投资途径选择 C_{12}	0.250
	建筑企业人力资源管理创新 B_5	0.0523	企业人力资源管理的理念 C_{13}	0.577
			科学系统的人力资源管理制度 C_{14}	0.115
			有效的激励机制 C_{15}	0.193
			人力资源管理自我评价 C_{16}	0.115
	建筑企业服务创新 B_6	0.0523	企业服务机构 D_{17}	0.667
			客户服务意识创新 D_{18}	0.333
	建筑企业节能降耗与创新 B_7	0.0869	节能新技术新工艺 D_{19}	0.75
			生产组织创新 D_{20}	0.25
	建筑企业 HSE 的保障与创新 B_8	0.0355	HSE 管理与协作 C_{21}	0.833
			安全文明施工与创新 C_{22}	0.167
	供应链管理创新 B_9	0.0253	信息平台建设 C_{23}	0.167
			信任机制创新 C_{24}	0.833

（2）指标分析与选择

① 指标分析。从一级指标所得权重分值看，建筑企业技术创新占据主要地位，是建筑企业自主创新的关键途径，其次为制度创新，建筑企业要做到自主创新首先应从技术创新和制度创新入手，将技术创新和制度创新协同并进，通过制度创新促进技术创新，不仅是中国企业自主创新正确的路径选择

之一，也是中国经济成功转型的关键。

　　另外，考虑一级指标权重分值，将二级指标排序，建筑企业自主创新技术路径指标权重分值分析如表 2-7 所示。

表 2-7　建筑企业自主创新技术路径指标权重分值分析

二级指标	权重分值
技术创新意识	0.1488
信息化建设	0.0744
技术创新投入	0.0744
项目管理责任制	0.0639
合理的薪酬制度	0.1115
企业文化建设	0.0244
目标管理	0.0405
队伍素质	0.0178
组织机构创新	0.0215
企业创新联盟	0.0453
企业融资渠道创新	0.0938
投资途径选择	0.0313
企业人力资源管理的理念	0.0302
科学系统的人力资源管理制度	0.006
建立、健全有效的激励机制	0.0101
人力资源管理自我评价	0.006
企业服务机构	0.0349
客户服务意识创新	0.0174
节能新技术新工艺	0.0652
生产组织创新	0.0217
HSE 管理与协作	0.0296
安全文明施工与创新	0.0059
信息平台建设	0.0042
信任机制创新	0.0211

　　② 指标选择。表 2-7 表明了建筑企业自主创新各项指标的重要性程度，为企业创新规划提供了量化依据。表中数据是专家根据所了解的企业情况和自身认知打出来的分值，在实际应用中，对不同的建筑企业评分会有所不同。

　　本方法可以用于评价建立了自主创新管理体系的建筑企业，也可以用于遴选技术创新、资源节约、环境友好的判定指标。

第 3 章

建筑企业自主创新与"三型"企业建设

3.1 "三型"企业建设

3.1.1 "三型"企业建设的意义

(1)"三型"企业(建筑企业)的概念

① "三型"企业,即技术创新型、资源节约型、环境友好型企业的简称。

② "三型"建筑企业可以概括为:具有健全的技术创新体系和机制持续技术创新,拥有自主知识产权的核心技术、知名品牌,具有良好的创新管理和文化,整体技术水平在同行业中居于先进地位,在市场竞争中具有优势和持续发展能力,按照"减量化、再利用、再循环"原则,在生产、经营各个环节中不断提高资源利用率,以最小资源消耗、废弃物排放和环境代价实现可持续发展,经济效益突出、资源合理利用,在清洁生产、污染治理、节能降耗、资源综合利用等方面都处于国内领先水平的建筑企业。

③ 坚持人与自然和谐共生,建设生态文明是社会、企业发展的千年大计。"三型"企业必须坚持不断创新,坚持节约资源和保护环境这一基本国策。

④ 建筑企业自主创新目的是建设成"三型"企业，最终目标是建成生态文明社会。

（2）"三型"建筑企业建设的意义

① 从企业责任方面看。建筑企业是社会的一部分，有自己的目标和利益。企业追求的利益必须与社会利益趋于一致性，才能得到政府、公众的认可，从而获得政府、公众的信任和支持。"三型"企业建设是企业从经营行为上实现国家的意志、履行国家的部分责任。

② 从企业地位方面看。建筑企业是我国国民经济的主要基础和实现新兴工业化的支柱产业，同时也是重点耗能行业之一。我国固定资产投资的建安部分主要通过建筑企业来实现。从建筑企业的总体特征看，建安产品的实现过程需要使用大量的钢材、水泥、木材等物资原料。在建造过程中，大量消耗水、电等资源，建安产品的建造过程又产生大量垃圾。据统计，全国每年总量近 50% 的物资原料、总量近 50% 的能源、总量近 50% 的垃圾均产生于建筑施工的过程中。我国固定资产投资约有 60% 是通过建筑业来实现的。这一方面说明建筑企业作为国民经济的支柱产业，对整个国民经济发展起到了重要作用；另一方面也说明建筑业的创新、节约、环保对建立循环经济，建设节约型社会具有举足轻重的地位。

③ 从建筑企业的生产管理方面看。与生产其他商品的流水线、工厂化作业的企业管理不同，建筑企业长期处于管理粗放状态，具有高投入、高消耗、循环差、效益低的特点。尤其是经济的快速增长，建筑市场发展迅猛，而建筑施工企业传统操作方式，开发商片面追求工期进度的压力，更导致对节约资源、能源和环境保护的忽视。另外，建筑企业短期行为也加剧了建筑企业物资、原料、能源利用率低和消耗高等状况的显现，与先进产业的生产管理相比还有较大的差距。

④ 从科技含量看。国内的建筑施工企业大都是典型的劳动力密集的企业。由于种种原因，一些建筑施工企业技术创新的动力不足，压力不大，人力资源的科技素质跟不上建筑企业发展的要求。在施工方案、施工工艺、施工工序等方面科技含量低于先进行业，这也直接影响了建筑企业的节能、节材和降低成本。

⑤ 从资金的角度看，国家经济增长放缓，重大投资项目大幅度减少，社会投资减速，全行业利润下降，企业的资金紧张给建筑企业继续快速稳定发

展带来了新的严峻挑战。

⑥ 从可持续发展角度看。对于与社会经济发展有密切关系的建筑企业来说，要认真贯彻党的十九大、二十大精神，认识到转变建设行业经济发展方式的重要性和紧迫性，认识到加大推进技术创新型、环境友好型、资源节约型行业的重要性和紧迫性，走能源消耗少、科技含量高、经济效益好、环境污染少、资源优势得到充分发挥的建筑企业科学发展的路子。

⑦ 从依属关系角度看。建设"三型"建筑企业也是推进生态文明型社会的重要组成部分，是时代经济发展的需要，是建筑业科学发展、协调发展、持久发展的需要。

⑧ 值得强调的是，建筑企业自主创新是建设成"三型"企业的保障。

3.1.2　"三型"企业的内涵

(1) 创新与"三型"企业概述

① 建设技术创新型、资源节约型、环境友好型、生态文明型社会（"四型"社会）是贯彻落实科学发展观的战略部署。"三型"企业的建设是统筹人与自然和谐发展的重大举措，是实现全社会节约发展、清洁发展、安全发展、可持续发展的重大企业职责。

② 创新是一个国家兴旺发达的不竭动力。企业创新是生产要素和生产条件的一种新组合，能够使一定的投入获得更大产出。企业竞争优势源自于可持续性技术创新。可以说，创新是企业摆脱惯性、加快发展的动力机制。培育创新力是企业再造竞争优势的唯一出路，也是企业生存和发展的关键。

③ 技术创新是"三型"企业的基石。主要包括 3 个方面的含义。

a. 原始创新。努力获得更多的科学发现和技术发明。

b. 集成创新。使各种相关技术有机融合，形成具有市场竞争力的生产线及产品。

c. 在引进国外先进技术的基础上消化吸收和再创新。

工程技术是工程建设的灵魂和中心环节，是科技成果转化为现实生产力的桥梁和纽带，最有条件开展集成创新。这也是建筑企业的优势所在和战略发展方向。

④ 资源节约是基本国策，资源节约型行业是指在行业内从设计、生产、

流通、消费等领域，通过采取技术、管理和经济等综合性措施，提高资源利用效率，以最少的资源消耗获得最大的经济和社会收益，保障行业的可持续发展。建设资源节约型行业，其目的在于追求更少资源消耗、更低环境污染、更大经济和社会效益，实现可持续发展。资源节约型的节约具有双重含义。

a. 相对浪费而言的狭义节约。

b. 在经济运行中对资源、能源需求实行减量化的广义节约，即在生产和再生产过程中，用尽可能少的资源、能源（或可再生资源）创造相同的财富甚至更多的财富，最大限度地充分利用回收各种废弃物。这种节约要求彻底转变现行的经济增长方式，进行深刻的技术革新，真正推动经济社会的全面进步。

⑤ 环境友好是我国的建设目标。环境友好型行业就是全行业或整个社会都采取有利于环境保护的设计、生产与运作方式，建立人与环境良性互动的关系。良好的环境也会促进企业改进企业文化，提高生产、工作效率，实现人与自然和谐。建设环境友好型行业，就是要以环境承载力为基础，以遵循自然规律为准则，以绿色科技创新为动力，倡导环境友好型文化，构建经济、社会、企业环境协调发展的社会体系，实现可持续发展。

因此，技术创新型、资源节约型、环境友好型建筑企业的定义可以表述为：以技术创新为先导，以资源节约和环境友好为目标的全新的集约化发展模式，全方位立体化地落实科学发展观，或科学发展观的细化，其强调更多的是发展的质量，要求改变过去粗放式管理的经济增长模式，把发展与技术创新、资源节约以及环境保护联系起来，主张通过技术创新提高行业发展动力，通过科学技术提高资源利用率，通过技术创新、资源节约提高行业发展的水平和质量。"三型"企业的建设和发展是建筑企业的必经之路，也是现阶段复杂经济形势下的生存之道，更是实现我国建筑企业经济持续健康增长的必然趋势。

(2) "三型"企业的内涵

① 以科学发展观为统领，把增强创新能力作为建筑企业发展的战略基点，把持续技术创新、力行资源节约、实现环境友好目标贯穿到建筑企业现代化建设的各个方面，优化产业结构，转变增长方式，提高发展质量，增强服务能力，营造有利于创新、节约和环保的文化氛围和制度环境，激发全行业的创新精神，大力推进理念创新、科技创新、体制机制创新和政策创新，既通过创新达到节约资源、改善环境的目的，又通过资源节约、环境友好标准的提升促进创新能力，引领创新方向，走以创新促发展的道路。

② 建设"三型"企业要站在世界建筑业发展趋势和发展规律的高度审视我国建筑企业发展水平，站在国民经济发展全局的角度审视建筑企业适应能力，站在市场对建筑产品需求的角度审视建筑企业服务水平，站在行业以外的角度审视行业存在的问题，不断深化对建筑企业发展重大问题的认识。提升发展理念，明确发展任务，创新发展手段，使建筑企业发展的全部工作体现资源节约、环境友好的时代性，把握规律性，富于创造性。

③ 始终把提高全行业的科技创新能力、资源节约水平、环境友好标准摆在突出位置。在重视原始创新的同时，更加注重集成创新和引进消化吸收再创新。不断增强自主创新能力，突破技术瓶颈，加快科技成果的推广应用，促进建筑企业增长方式从粗放型向集约型、创新驱动型的根本转变，进一步加快建筑企业由传统产业迈向现代产业的历史进程。

④ 紧紧围绕国家层面发展的战略目标和主要任务，针对建筑企业发展中的突出矛盾和主要问题，依靠创新，积极探索解决效益、资源、环境、企业、社会之间的矛盾和问题的有效方法，寻求更好的发展模式和途径。要把建设技术创新型、资源节约型、环境友好型企业落实到建筑业工作的各个层面和各个环节，使"三型"建设成为全行业的共同认识和自觉行动，成为推动行业持续发展的不竭动力。

3.2 "三型"企业的特征

3.2.1 "三型"之间的相互关系

(1)"三型"企业的内外部关联关系

① 建设技术创新型、资源节约型、环境友好型行业存在很强的外部性，而"外部效益导致市场失灵"是制约环境友好型绿色技术创新的根本因素。微观经济学告诉我们，市场机制有一个隐含的前提假设：单个经济个体的经济行为对社会上其他人的福利不产生影响，即不存在外部性。但是对环境友好型绿色技术创新来说，这一假定往往不能成立，因为环境友好型绿色技术或产品创新存在外部利益，传统技术创新却存在外部成本，从而导致市场价值规律失灵。如某企业开展环境友好型绿色技术创新，减少了污染物，节约了自然资源，带来了外在的社会效益，但该企业并不能因此而得到利益补

偿。相反，另一企业仍然沿袭传统技术创新方式，大量消耗自然资源，大量排放污染物，破坏生态环境，给社会带来了危害，但该企业自身并不需要支付外在成本用来抵偿。因此，明确技术创新型、资源节约型、环境友好型行业的相互关系是非常必要的。

② 科技创新是建设资源节约型、环境友好型行业的必然要求。科学发展要求通过科技手段提高资源利用水平，提升环境质量。

③ 科技创新是建设资源节约型、环境友好型行业的重要保障。通过充分认识经济社会环境发展规律，正确处理人口、资源、环境管理，通过科技创新才能做好其他"两型"行业的建设。

④ 建设资源节约型、环境友好型行业必须依靠科技创新。建设资源节约型、环境友好型行业，要求在不断提高管理水平的情况下更集约地利用资源，更严格地保护环境，不依靠科技创新在原有科技水平下很难达到这个目标。

⑤ "三型"行业是建筑业内的企业全体参与的共同行为。建设技术创新型、环境友好型、资源节约型行业是一个复杂系统的工程，要求全行业企业、管理者、实施者都能够积极参与。各企业积极进行技术创新，努力进行资源节约，实行清洁生产，发展循环经济，提倡文明建设，形成技术创新、节约资源、保护环境的良好行业风气。

（2）"三型"企业与"三型"社会的关系

① 建设技术创新型、资源节约型、环境友好型企业，是根据我国国情和可持续发展要求做出的正确抉择。我国人口众多，人均资源占有量少，正处在工业化、城镇化、市场化、国际化程度不断提高的发展阶段，面临很大的资源、环境压力。改革开放以来，我国建设行业取得了快速的发展，但由于我国工业、基本建设的快速增长基本建立在高消耗、高污染的传统发展模式上，出现了比较严重的环境污染和生态破坏，从而导致作为下游产业的建筑行业的发展基本上是粗放型的传统模式。

② 概括起来说，"三型"企业是技术创新、资源节约和环境友好型的完整结合。资源节约型企业是通过提高技术创新来提高资源利用率，通过提高资源利用率来降低能源消耗强度，通过降低能源消耗强度来建立美好环境。国家、行业协会提出建设资源节约型和环境友好型企业的方针，拉动了企业的技术创新水平，促进"三型"社会的实现。

③ 企业技术创新能力的提升，又能促进其资源节约型和环境友好型建设的水平。所有企业的"三型"建设目标实现，"三型"社会顺其自然即将建成。

④ 技术创新、资源节约和环境友好的企业与"三型"社会紧密联系，而又互相补充，完整地涵盖了企业、社会发展中的技术、物质、能量、废物流管理（废物流管理属于一项系统的综合处理的管理活动，它的内容包括了废物生产、前处理、收集、运输、存放、转移以及处理等流程）等全过程的正向循环。"三型"企业建设是为了我国社会循环发展、科学发展、持续发展，通过多种措施提高资源的利用率，以最少的资源消耗来获得最大的经济效益。这个效益从更高的层次看，是整个社会、整个行业和企业的共赢。

3.2.2　"三型"企业的主要特征

（1）"三型"企业特征概述

建设技术创新型、资源节约型、环境友好型行业是一项复杂的系统工程。在实践中，必须坚持以政府为主导，行业协会应以制度创新为保证，采取一定的经济支持和政策鼓励。协会的市场化运作是发展技术创新型、资源节约型、环境友好型行业的重要途径。市场经济条件下技术创新型、资源节约型、环境友好型行业，必须尊重客观规律。

从技术层面看，发展技术创新型、资源节约型、环境友好型行业面临的主要问题是高能耗、高排放和低利用。解决这些问题，从根本上提高资源的使用效率，降低能耗和排放，促进资源再生利用，必须结合行业特征和企业实际，依靠科技创新，通过不断创新、开发和应用先进工艺、技术和设备，建立符合企业特色的技术创新型、资源节约型、环境友好型行业技术支撑体系。

因此，技术创新型、资源节约型、环境友好型行业的特征应该有如下特征。

① 能科学认识和正确运用自然规律。全行业内要科学认识和正确运用自然规律，学会按照自然规律办事，更加科学地利用自然资源为人们的生活和经济社会发展服务，坚决禁止掠夺自然、破坏自然的做法，坚决摒弃先污染后治理、先破坏后恢复的做法。

② 坚持"政府主导、协会引导、企业投资"的市场运作模式，实行有保

有压的有序开发，进行合理的行业规划。"三型"行业制度体系在全行业牢固建立并不断得到完善，所有企业都踊跃参与技术创新、节约资源、爱护环境。同时，行业内有完善的制度体系，充分保证各企业积极落实"三型"企业的建设和促进"三型"行业的实现。

③ 整个建设行业持续稳定发展，可持续发展能力不断增强。一直坚持走建设具有国际竞争力的世界一流建筑企业之路，要求在"三型"上下功夫，坚持走可持续发展之路，发展生产力，促进整个行业持续健康发展，不断适应国家发展、适应国际形势，不断稳步增强行业自身竞争力。

④ 循环经济模式成为行业经济运行的主导模式。循环经济模式是一种物质闭环流动的经济发展模式，当前，我国大力提倡发展循环经济，并将循环经济建设作为建设资源节约型和环境友好型社会的重要途径，因此，发展循环经济模式也是行业经济运行的主要模式，是行业经济适应国家经济、适应世界经济的主要模式。

⑤ 技术创新成为企业创新提升发展的主流。企业要想生存、要想发展、要想做强做大，技术创新是其首要的手段。技术创新也是建设"三型"行业的基石，行业各企业在技术创新上不断投入和提升，技术创新成为行业主流，整个行业的生存能力才会大大加强，整个行业才会可持续健康发展。行业内从根本上提高资源的使用效率，降低能耗和排放，促进资源再生利用，必须结合行业特征和企业实际，依靠科技创新，通过不断创新、开发和应用先进工艺、技术和设备，并具备符合企业和行业特色的技术创新型、资源节约型、环境友好型行业技术支撑体系。

⑥ 加强建设项目和有关规划的环境影响评价，坚决防止实施过程中产生新的浪费和环境污染。行业内的设计、施工标准应高于或不低于国家标准，提高协会监督与指导能力。建立行业内企业生态补偿和维护机制。

（2）实现"三型"企业建设的宏观战略选择

① 推进技术创新型、环境友好型、资源节约型企业建设，这是企业发展的责任和任务。

② 推进"三型"企业建设的目标在于：坚持高起点、高标准、高要求，实现产品一流、管理一流、环境一流、效益一流，成为科学发展、自主创新、高产低耗、清洁文明、循环经济的示范性企业，成为具有强大的国际竞争能力、永续发展的企业。

第 4 章

"三型"工程勘察企业的建设

4.1 工程勘察企业概述

4.1.1 规模分析

截至 2020 年,全国具有勘察设计资质的企业工程勘察收入 1026.1 亿元,与 2019 年相比增长 4.0%。2020 年,具有勘察设计资质的企业工程勘察新签合同额合计 1494.5 亿元,与 2019 年相比增长 17.6%。2020 年具有资质的工程勘察企业新签合同额结构如图 4-1 所示(图中上下两道斜线为界定线)。

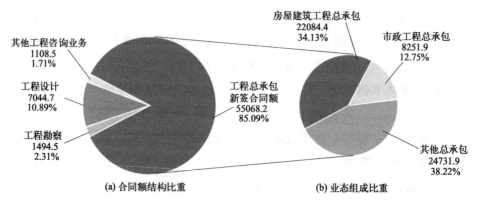

图 4-1 2020 年具有资质的工程勘察企业新签合同额结构(单位:亿元)

4.1.2　结构分析

（1）业务结构

2020 年，在工程勘察设计企业营业收入中，工程勘察收入占营业收入的 1.42％；工程设计收入占营业收入的 7.56％；工程总承包收入占营业收入的 45.60％；其他工程咨询业务收入占营业收入的 1.11％；其他营业收入占营业收入的 44.31％。2020 年具有资质的工程勘察企业收入比例如图 4-2 所示。

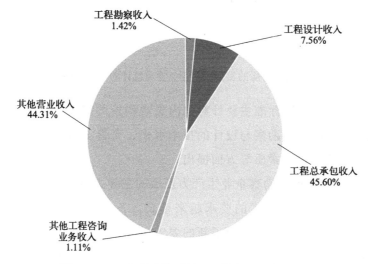

图 4-2　2020 年具有资质的工程勘察企业收入比例

（2）企业结构

根据住房和城乡建设部 2020 年对全国具有资质的工程勘察设计企业基本数据进行的统计，全国共有 23741 个工程勘察设计企业参加了统计。其中，工程勘察企业 2410 个，占企业总数的 10.15％；工程设计企业 21331 个，占企业总数的 89.85％。2020 年具有资质的工程勘察企业参与统计的数量结构如图 4-3 所示。

（3）人员数量

2020 年，具有勘察资质的企业年末从业人员 16 万人，与 2019 年相比增长 1.7％。

（4）技术创新型工程勘察企业的建设概述

① 可以预见，在未来几年内建筑企业主市场仍然以国内为主。因此，工

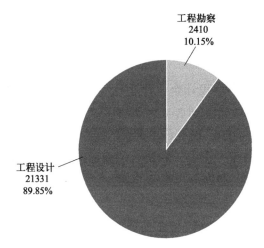

图 4-3   2020 年具有资质的工程勘察企业参与统计的数量结构（单位：个）

程勘察企业的"三型"标准主要针对国内宏观调控的需求，从加强技术创新与集成能力、提高工程勘察与设计的技术水平、完善项目组织实施方式和进一步提高行业队伍整体素质等方面提出。

② 技术创新是推动勘察企业生产力发展的主导力量。未来勘察企业发展任务十分繁重，对工程技术的要求越来越高，各行各业和其用户对工程安全、节能环保、信息服务等提出了新的要求。科技对勘察企业发展的支撑是基础性、全面性的，要增强技术创新能力，推进企业创新，攻克关键性技术，突破牵动性技术，普及应用型技术，走科技引领勘察企业发展之路。

③ 技术创新工作的目标和任务是通过技术创新，使勘察企业走出一条科技含量高、经济效益好、资源消耗低、环境污染少、人力资源优势得以充分发挥的新型勘察企业的发展道路。

4.2   技术创新型工程勘察企业的建设

4.2.1   建设任务、建设途径与内涵

（1）技术创新型工程勘察企业的建设任务

① 构建以技术中心为轴心的组织机构；构建有效运行的创新机制，包括技术创新型企业实施方案、科技发展规划、技术创新战略联盟；构建科技管

理规章制度，即切实可行的管理流程、对研发项目有效的管理手段、支持专利申请、保护知识产权、促进科技成果转化为生产力等的体系和机制；创新绩效综合评价指标体系和评价办法、科技资源优化配置的统筹协调机制、技术创新的投入机制、重大科技活动的应急预案；形成财政科技投入稳定增长的机制和事权统一的科技经费管理体制。

通过一系列的管理制度明确职责、流程，对管理活动加以推进和规范，并在每年年初或根据需要适时对创新项目申报材料和创新成果进行评审，确保申报项目的可行性、适宜性，以及创新成果的鉴定、转化。

② 激励创新新机制的建立。企业应建立创新激励机制，加大技术创新成果的激励力度，从改革分配制度入手，按贡献大小，提高工程技术创新人员的工资和福利待遇；有贡献的技术开发人员的奖金应远高于同级勘察人员，并可给予成果效益分成、股权、期权奖励等；用重金来奖励科技创新人员，激发他们的积极性和创新活力；采取特别津贴制度与特别嘉奖相结合的奖励制度，提高科研人员的积极性；对有突出贡献的科研人员，特别是主持重大技术开发项目、创造专利等知识产权工作方面有突出贡献的人员，年终给予一次性不同程度嘉奖，或者技术入股；倡导贡献优先原则，注重体现员工的工作实绩和突出贡献，对企业首席专家、高级专家、专家，按本年度实际贡献增加奖励，对专利发明人、国家级、省部级以上的科技成果主要完成人，分别进行不同额度的奖励，享受带薪休假或提高其持股标准。

③ 以勘察企业为主体，建立自主技术创新平台。有条件的大中型勘察企业可实行科研、勘察、设计、施工总承包一体化的科技开发体系，做到理论研究与工程技术开发相结合，工程开发与成果转化相结合，使技术创新始终围绕实现工程化的目标，贴近市场，贴近生产，不断研发出具有自主知识产权的新技术、新工艺、新软件、新设备。

④ 以高校、科研院机构为主体，与企业研发部门或与其他勘察企业结合。发挥勘察人员在成果应用阶段的作用，参与解决工程实施过程中的工艺放大、数据采集、防渗、锚固、支护、软件升级等一系列技术、经济问题。

⑤ 以工程勘察企业为主体，建立技术创新的研发机构，主动与科研、设计、施工、高校等单位相结合，以工程项目需求为目标，在复杂的地基基础处理、特殊的岩土工程治理方案以及对复杂地质条件的岩土工程监测等方面创造新技术、新工艺、新方法。

（2）技术创新型工程勘察企业的建设途径

① 大力推进集成创新。随着现代科学技术的发展，集成创新已成为技术发展的重要思路，并取得了很好的效果。勘察企业在数字测量、卫星定位技术、地理信息系统、工程勘察、地基处理、地基加固、尾矿岩土工程治理过程中积累了大量的技术数据。集成创新是勘察企业的优势，其创新能力充分体现在知识和技术的综合集成和加工。集成创新主要包括以下几点。

a. 综合已有的技术，对已有技术重新排列组合或在新场合应用已有技术，取得降低消耗、减少污染、提高效益、方便操作、安全生产、节省投资的效果。

b. 利用土力学、计算机科学、基础工程概念，改造旧工艺、改进原有技术。

c. 开发信息化软件，并用其对现有的计算方法、管理信息系统进行优化，提高工作效率和工作质量。

d. 成功引进国内外勘察行业的先进技术，构成新技术、新工艺、新设备。

② 加强引进技术消化吸收再创新。引进技术是迅速提高技术水平的捷径，要坚持引进国外先进技术与消化吸收创新结合起来，通过创新，掌握核心技术，形成自主知识产权。

③ 勘察设计基础工作创新。主要包括以下几点。

a. 为适应国际市场的需求，与国际接轨，尽可能将国内技术水平接近国际标准，把节约资源、保护环境、提高资源利用率贯穿工程勘察和工程实施全过程，积极采用国际标准和国外先进标准，发展我国的国际标准。

b. 修订和新制订的标准要体现建设资源节约型、环境友好型行业，调整经济结构、转变经济增长方式的要求，加大强制性标准的执行力度。

c. 组织勘察企业与行业协会对现有的标准、规范、规定、手册进行认真的清理与整顿，淘汰落后标准。

d. 进一步研究国外勘察设计行业的有关设计规定，结合我国自己的工程设计经验，勘察企业要修订完善符合我国国情、保证勘察质量、提高效率的设计技术手册和设计管理手册。

e. 除国家标准和行业标准外，勘察企业要不断完善具有本企业技术特色的标准、规范和规章制度。

④ 管理创新。主要包括以下几点。

a. 管理创新是影响技术创新的重要因素。当前,项目管理创新是企业各项管理工作的核心。内部的工作流程和方法、项目管理程序、矩阵管理模式、计算机管理等,都要适应项目管理体制。根据本行业勘察企业的实际情况,勘察企业的管理创新应以借鉴发达国家已有的一套科学成熟做法为突破口,把发达国家的先进管理理念和管理技术应用到勘察企业的实际运作中,以尽快与国际通行的模式接轨,为进入国际市场、开展国际合作创造条件。

b. 质量管理体系是勘察企业管理工作的一个重要组成部分,勘察企业要按照 GB/T 19001 标准的要求实施质量管理体系,步入规范化科学化管理轨道,使工程勘察产品质量有关各项工作处于受控状态,有效保证产品质量、服务质量和经营质量。

c. 大力推行 HSE 管理体系。当前发达国家的工程勘察企业已普遍实行 HSE 管理体系,并在工程建设领域上升为核心竞争力。HSE 管理体系也是与国际工程公司合作的必须条件。勘察企业要建立和完善 HSE 管理体系,提高管理水平。

⑤ 信息技术应用创新。主要包括以下几点。

a. 推行以工程数据库和 BIM(建筑信息模型)设计为主体的集成化设计系统,对项目相关资源进行系统整合,合理使用项目管理技术和应用工具,实现项目管理效益最大化过程。

b. 推行以项目管理、财务管理、经营管理、行政管理为主体的集成化勘察企业资源管理大数据系统,对勘察企业与业主、设计院、监理公司、承包商、项目、行政管理等相关的资源进行系统整合。

c. 建立强大的信息数据库,并不断更新升级。以项目为核心的数据库应包括前期工作、勘察工艺、数据采集、信息处理、技术方案、实施反馈等,为技术创新提供科学依据。

⑥ 建设技术创新型工程勘察企业的战略重点是理念创新、科技创新、体制机制创新和政策创新。

(3) 技术创新型工程勘察企业的建设内涵

① 提高企业技术创新能力的关键是企业领导。勘察企业的领导要强化科技创新的战略意识,重视企业的长远发展战略,把提高技术创新能力作为企业发展的出发点和立足点,要有科技发展战略和技术创新规划,要加强事业

心，树立责任感，切实加强对技术创新工作的领导。

② 建立得到广大职工认同的创新文化。建立自主品牌，并得到业内认可。

③ 加大技术创新的投入力度。工程勘察企业要自觉加大技术创新投入，根据企业实际情况设立技术开发基金，每年从营业额中提取一定的比例作为技术开发创新的经费，保证企业自主创新资金的需要。企业在投入创新资金时，要以市场为导向，注重企业长远发展利益及市场竞争力。

④ 加强自主知识产权保护机制。知识产权是勘察企业的无形资产，是企业品牌的主要支撑点。勘察企业的自主创新机构应负责知识产权保护管理工作，建立和完善专利及专有技术管理机构，配备有一定工作经验的工程技术人员，并对他们进行保护知识产权专业培训。企业有知识产权管理体系，要建立制度、强化管理、科学归档、严格保密。

⑤ 对工程技术人员加强知识产权的法律保护意识教育，使他们懂得如何有效保护知识产权，怎样才不侵犯别人的专利专用权。进一步完善技术转让、技术转移机制。设计软件应有偿转让，按质论价，专利技术按专利法的规定收取转让费。

⑥ 培育高素质创新人才队伍。要树立"人才是技术创新第一资源"的指导思想，在勘察企业形成尊重知识、尊重人才、尊重劳动、尊重创新的风尚，形成人尽其才、才尽其用、优秀人才脱颖而出的高效机制。研发人员每人、每年接受培训不少于100学时。建立健全企业信息平台。

⑦ 通过优秀成果评选等工作，引导推动勘察技术发展。要开展对符合技术创新、资源节约、环境友好标准的优秀勘察、地质工程处理等成果的评选工作，以提高行业勘察水平。开发能带来效益的核心专有技术。不断提高新技术、新产品的贡献率。

4.2.2 技术创新型工程勘察企业的判定标准

采用问卷打分调查的方法，通过现场发放、电子问卷等形式，收集了数十家工程勘察企业的反馈信息。应用层次分析法从33项确认指标中，遴选出了19项适合勘察公司的技术创新型工程勘察企业评价指标，并拟定了初步判定标准。技术创新型工程勘察企业评价指标及判定标准见表4-1。

表 4-1　技术创新型工程勘察企业评价指标及判定标准

序号	指标	成果考量	权重分值
1	技术创新管理体系建设	提供附件	5
2	激励技术创新的新机制	提供附件	3
3	从事研究与开发的人员数量(包括专职和非专职)	人/10 人	1
4	拥有省级以上研究、实验基地(室)或中心、博士后流动站的数量;上年度获得发明专利授权的数量	项/百万元产值	15
5	拥有国家级学术组织机构的数量;上年度获得省部级以上工法的数量	项/百万元产值	15
6	上年度参编的标准、规范、手册的数量;上年度业务范围增项的数量	项/百万元产值	10
7	上年度开发应用的软件数量	项/百万元产值	5
8	上年度创新的管理模式、管理体系或工艺流程数量	项/百万元产值	3
9	上年度技术引进再创新或集成创新的成果数量	项/百万元产值	5
10	上年度获得国家和省部级科技奖项数量	项/百万元产值	20
11	上年度通过具有科技成果鉴定权机构鉴定的科技成果数量及技术中心的数量	项/百万元产值	10
12	上年度研究与试验发展经费投入率	投入额/总产值≥2%	2
13	上年度研发成果总效益率	总效益/总投入≥102%	3
14	上年度增加的核心专有技术数量	项/百万元产值	3
15	上年度在国家正式专业期刊上发表的论文数量	篇/10 名职工	3
16	企业文化创新及人才培养	提供附件	2
17	企业自主品牌建设	提供附件	2
18	企业信息平台建设	提供附件	3
19	企业诚信平台建设	提供附件	5

注: 1. 1、2、16~18 为主观项,取评委的算术平均分。其余项得分=成果数值×权重分值。

2. 总得分大于 60 分可评定为技术创新型工程勘察企业。

3. 75%以上的企业达到技术创新型企业标准,可以评定为技术创新型子行业。

4.3　资源节约型工程勘察企业的建设

4.3.1　建设任务、建设途径与内涵

(1) 资源节约型工程勘察企业概述

① 环境友好型工程勘察企业在建设资源节约型社会中发挥着无可替代的作用。企业在经营过程中,能够充分认识建设资源节约型企业的重要性、紧迫性;充分认识勘察设计单位和勘察设计人员在建设资源节约型、环境友好型社会中的重大责任和义务;充分发挥勘察设计企业在建设资源节约型行业

的先导作用，为实现建筑业持续健康发展做出应有贡献。

② 在国家工程项目建设和使用中做好资源节约工作，是贯彻落实科学发展观的重大举措，是建设资源节约型、环境友好型社会的必然选择，对于调整经济结构、转变增长方式、提高人民生活质量具有极其重要而深远的意义。发挥勘察企业在工程建设中的先头作用，从源头转变经济增长方式，坚持节约发展、清洁发展、安全发展，实现可持续发展是建筑行业必由之路。

（2）资源节约型工程勘察企业的建设任务

① 构建企业资源节约管理体系，确保资源节约工作的长效性和有效性。

② 建立企业资源节约激励机制。

③ 以勘察企业为主体，建立资源节约研发平台。将技术创新与资源节约目标相结合，有条件的大中型勘察企业可实行科研、勘察、设计一体化的资源节约研发体系，做到理论研究与资源节约技术开发相结合，技术开发与成果转化相结合，使资源节约研发始终围绕实现工程目标，贴近市场，贴近生产，不断研发出具有自主知识产权的资源节约新技术、新工艺、新设备。

④ 以高校、科研机构为主体，与企业研发部门结合，发挥勘察人员在成果应用阶段的作用，参与解决工程实施过程中的资源节约、能源节约、办公费用节约、资源循环利用等一系列问题，利用现代信息处理技术，创新管理模式，推进系统优化与流程再造。

⑤ 广泛推广应用资源节约先进工艺技术。勘察企业要加大资源节约资金投入，广泛推广以万元产值可比能耗、万元产值综合能耗、万元产值能耗 3 项指标为重点，抓紧健全和完善企业的节能统计指标体系。在此基础上，加强资源节约指标信息的公开化，包括按季、按月公布企业的完成情况，实行年度企业资源节约公报制度等。进一步提高资源节约和综合利用水平，建立较为完备的对标管理系统。

⑥ 切实抓好资源节约工作。实现资源节约的目标任务，关键在于加强领导，狠抓落实。各企业的主要领导一定要真正把思想认识统一到中央关于推进资源节约型社会的决策和部署上来，要正确处理生产经营与资源节约的关系、近期效益和企业可持续发展的关系，把资源节约、能源节约融入到企业的战略规划、管理体系和日常经营活动之中，精细管理、精益管理，向管理要能源、向管理要效益，建立健全从总公司到子公司、处室、项目部多层级的资源节约管理网络，有条件的企业应建立健全能源实时监控及信息管理系统，对各种能

源介质实施动态监控和管理。要切实把资源节约的理念、目标和要求转化为企业的发展方针、管理制度和工作程序，成为每一个员工的信念和行动。

⑦ 进一步加大结构调整和技术进步力度。结构优化和技术进步是做好资源节约的重要手段。勘察企业要把资源节约与结构优化、技术进步紧密结合起来，果断淘汰一批技术落后、资源利用率较低的工艺、技术和设备，引进一批资源利用率高的先进设备和装置，自主开发一批低能耗的技术装备。通过淘汰落后的工艺、设备和装置，提升装备规模和技术水平，实现资源和能源消耗的持续下降。

（3）资源节约型工程勘察企业的建设途径

① 制定企业资源、能源节约标准。按照"开发节约并重、节约优先"的方针，结合结构调整和产品升级，大力推进节能、节水、节地、节材和循环式生产。勘察企业的节约标准主要包括以下几点。

a. 节能标准。为实现节能目的而制定的标准。具体包括节能基础、管理、方法以及以节能为直接目的的用能产品、材料性能标准。

b. 节水标准。为实现节水目的而制定的标准。具体包括节水基础、管理、方法、以节水为直接目的的节水技术和产品，不包括一般的用水产品、材料的性能标准以及水质检测标准。

c. 节材标准。为实现节材目的而制定的技术标准。具体包括基础、管理、方法以及以节约原材料为直接目的的新材料、新技术标准，不包括一般的原材料性能标准。

d. 新能源与可再生能源标准。为实现新能源与可再生能源的有效利用而制定的标准。具体包括风能、太阳能、水能、生物质能、地热能、海洋能等非化石能源的技术和产品标准、综合性基础和管理标准等。

e. 矿产资源综合利用标准。为实现矿产资源的综合利用而制定的技术标准。具体包括基础、管理、方法以及以实现矿产资源综合利用为直接目的的有关矿产资源勘察、评价和开发利用方面的技术标准。

f. 废旧产品及废弃物回收与再利用标准。为实现废旧产品及废弃物回收与再利用而制定的标准。具体包括废旧产品及废弃物回收与再利用的综合性基础与管理标准，回收方法、工艺、设备标准，拆解再利用方法、工艺、设备标准，以及旧货流通的基础标准、管理与技术标准等。涉及的领域包括废弃产品、工业废弃物、其他废弃物以及旧货产品等。

② 制定资源节约绩效目标和实施方案，编制企业资源状况报告书，推进资源节约指标信息的公开化。企业每年要对资源节约业绩进行全面总结，规划下一年度资源节约目标和公布企业长期资源节约目标。包括各项资源节约目标及实际达成情况，主要资源消耗发生较大变化的相关分析，与经济指标相关的资源节约绩效指标实际达成状况，生产经营过程中资源、能源投入量，与资源节约有关的企业活动成本，各项资源节约活动取得的社会效益、经济效益分析，下一年度资源节约预期目标等。

（4）资源节约型工程勘察企业建设内涵

① 工程勘察企业要坚持提升勘察管理水平，完善服务功能，提高综合素质，发挥人才和高端工程技术在转变经济增长方式的关键作用。

② 资源消耗水平是经济结构、增长方式、科技水平、管理能力、职工素质的综合反映。住建部已经进行节能技术、清洁生产技术、循环利用技术的政策措施研究，研究发布技术进步指标评价体系、开展国家优秀勘察设计奖评选等诸多工作，这对加快勘察行业的资源节约方面的进步与发展十分重要。

③ 资源节约型工程勘察企业的核心目标是降低资源消耗强度、提高资源利用效率，减少自然资源系统进入企业生产（或制造）系统的物质流、能量流通量强度，实现企业经济发展与资源消耗的物质解耦或减量化。资源节约应具有两层含义。第一层含义是相对于浪费而言，资源节约表现在低消耗、低环境污染和循环利用；第二层含义是在经济运行中对资源需求实行减量化，强调资源的使用效率。对于勘察企业来说，后者对于其成果或产品尤为重要。

因此，建设资源节约型工程勘察企业指标体系和判定标准，一方面要考评企业工作过程资源的耗用量，建设循环经济，减少资源的浪费；另一方面要考评企业本身以及企业的勘察成果或产品用最少的资源产生最大的社会效益，提高资源的使用效率。

4.3.2　资源节约型工程勘察企业的判定标准

采用问卷打分调查的方法，通过现场发放、电子问卷等形式，收集了数十家工程勘察企业的反馈信息。应用层次分析法从 36 项确认指标中，遴选出了 19 项适合勘察公司的资源节约型工程勘察企业评价指标，并拟定了初步判定标准。资源节约型工程勘察企业评价指标及判定标准见表 4-2。

表 4-2　资源节约型工程勘察企业评价指标及判定标准

序号	指标	成果考量	权重分值
1	资源节约管理体系建设	提供附件	3
2	激励资源节约的新机制	提供附件	2
3	从事资源节约研究与开发的人员数量(包括专职和非专职)	人/10 人	5
4	上年度获得相关发明专利授权的数量	项/百万元产值	15
5	上年度万元产值可比电耗	同比每降低 2%	5
6	上年度万元产值可比油耗	同比每降低 2%	5
7	上年度万元增加值综合能耗降低率	每高于同行平均值 5%	5
8	上年度万元产值节水率	同比每提高 2%	5
9	上年度万元产值办公费用节约率	同比每提高 2%	5
10	上年度新型、替代型能源的开发率	同比每提高 2%	5
11	上年度余能利用率	同比每提高 2%	5
12	上年度万元产值其它管理费用降低率	同比每降低 2%	5
13	上年度获得国家和省部级节约奖项数量	项/百万元产值	10
14	上年度通过具有科技成果鉴定权机构鉴定的资源节约成果数量	项/百万元产值	10
15	上年度资源节约研究与试验发展经费投入率	投入额/总产值≥2%	5
16	上年度固体废物利用率	同比每提高 2%	5
17	上年度获得国家和省部级资源节约工程奖项数量	项/百万元产值	10
18	上年度资源节约管理体制、机制的创新(延长生态良好产品的寿命、原材料的回收、服务效能等)	提供附件	3
19	资源节约绩效及下年度节约指标	提供附件	2

注：1. 1、2、18、19 为主观项，取评委的算术平均分。其余项得分=成果数值×权重分值。

2. 总得分大于 60 分可评定为资源节约型工程勘察企业。

3. 75% 以上的企业达到资源节约型企业标准，可以评定为资源节约型子行业。

4.4　环境友好型工程勘察企业的建设

4.4.1　建设任务、建设途径与内涵

（1）环境友好型工程勘察企业概述

① 环境友好型企业的核心目标是将企业生产和消费活动规制在生态承载

力、环境容量限度之内，通过生态环境要素的变化形成对生产和消费活动进入有效调控的关键性反馈机制，特别是通过分析代谢废物流的产生和排放机理与途径，对生产和消费全过程进行有效监控，采取多种措施降低污染产生量，实现污染无害化，最终降低企业经济系统对生态环境系统的不利影响。

② 环境友好是一种人与自然和谐共生的企业形态，其核心内涵是企业的生产活动和消费活动与自然生态系统、社会及利益相关者协调可持续发展。随着我国工业化、城镇化进程的加快，我国经济社会发展面临的资源约束矛盾和环境污染问题日益突出，而解决问题的重要举措就是推进节能减排工作。总的方针是以提高能源利用效率、保护环境为核心，以强化管理、调整结构、技术进步为根本，以建立有效的激励约束机制为手段，加强组织领导，落实主体责任，加大工作力度，建设环境友好型社会。

③ 节能减排建设环境友好型企业，是缓解全球资源紧张、减轻全球温室气体效应、建设美好地球家园的世界大事，也是我国实现经济社会可持续发展、造福子孙后代的国家大事。建筑企业在我国经济社会发展中发挥着重要作用，肩负着建设环境友好型企业更为重要的责任。

（2）环境友好型工程勘察企业建设任务

① 构建环境友好型企业管理体系，确保环境保护工作的长效性和有效性。参见本书第 4 章相关内容。

② 建立企业资源节约激励机制。参见本书第 4 章相关内容。

③ 以勘察企业为主体，建立环境保护研发平台。将技术创新与环境保护目标相结合，有条件的大中型勘察企业可实行科研、勘察、设计一体化的研发体系，做到理论研究与环境保护技术开发相结合，技术开发与成果转化相结合，走污染少、排放低、资源循环率高的新型发展道路，使环境保护研发始终围绕实现工程目标，贴近市场，贴近生产，不断研发出具有自主知识产权的环境保护新技术、新工艺、新设备。

④ 以科研机构、高校为主体，与企业研发部门结合，发挥勘察人员在成果应用阶段的作用，参与解决工程实施过程中的环境保护、减少污染物排放、保护生态、改善环境等一系列问题。

⑤ 广泛推广应用环境保护先进工艺技术。勘察企业要加大环境保护资金投入，广泛推广以万元产值废水排放量、万元产值固体废物排放量、万元产值废水循环利用率、万元产值固体废物综合利用率 4 项指标为重点，抓紧健

全和完善企业的环境统计指标体系。在此基础上，加强环境保护指标信息的公开化，包括按季、按月公布企业的完成情况，实行年度企业环境保护公报制度等。

（3）环境友好型工程勘察企业建设内涵

① 各企业特别是企业的主要领导一定要真正把思想认识统一到中央关于推进环境保护型社会的决策和部署上来。要正确处理生产经营与环境保护的关系，近期效益和企业可持续发展的关系，把建设环保型企业的理念，实施生态保护、减少排放、改善环境等融入到企业的战略规划、管理体系和日常经营活动之中，精细管理、精益管理，向管理要环保、向管理要效益，建立健全从总公司到子公司、处室、项目部多层级的环境保护管理网络，有条件的企业应建立健全环境实时监控及信息管理系统，对生产全过程的环保实施动态监控和管理。要切实把环境保护的理念、目标和要求转化为企业的发展方针、管理制度和工作程序，成为每一个员工的信念和行动。

② 进一步加大结构调整和技术进步力度。结构优化和技术进步是做好环境保护的重要手段。勘查企业要把环境保护与结构优化、技术进步紧密结合起来，果断淘汰一大批技术落后、环保性能差的工艺、技术和设备，引进先进工艺技术和环保性能高的先进设备和装置，通过淘汰落后的工艺、设备和装置，提升装备规模和技术水平。

③ 制定环境保护绩效目标和实施方案，健全和完善全行业环境友好统计指标体系，编制年度企业环境报告书，推进环境指标信息的公开化。企业每年要对环境保护业绩进行全面总结，规划下一年度环境友好目标和公布企业长期环境友好目标。包括各项环境保护目标及实际达成情况，清洁生产的目标与指标体系，噪声的量度评价技术，主要环境负荷发生较大变化的相关分析，与经济指标相关的环境保护绩效指标实际达成状况，与环境有关的抱怨、投诉案件处理情况，企业内部及环保部门环境污染监测及实施情况，生产经营过程中废旧产品回收情况，与环境保护有关的企业活动成本，各项环境保护活动取得的社会效益、经济效益分析，下一年度环境保护预期目标等。

（4）环境友好型工程勘察企业的建设途径

① 正确处理与社会及利益相关者的关系，构建环境友好的和谐社会。

② 企业的利益相关者几乎涉及社会各个领域的个人或团体，与企业关系

的差异也决定了各利益相关者所关心的企业信息是不同的。例如，业主较为关心的是企业产品的相关信息，员工则更为关心工作环境与安全等方面的信息，企业所在的社区及市民则关注企业的污染物排放、有毒有害化学物质的管理、企业参加地区活动等问题。与勘察企业利益关系密切，且又能够充分体现企业社会责任的利益相关者有业主、员工、社区及市民等。

③ 企业与业主关系涉及从项目投标到项目竣工验收后各个阶段的企业服务情况，包括与业主的沟通，产品质量、工作质量、服务质量、业主满意度调查、最大限度地满足业主的需求、实现企业或产品的增值等。

④ 企业与员工关系涉及人力资源开发、员工薪酬、员工福利、工作区域环境的绿化、美化、净化等，同时包括员工对企业经营和管理方式、员工教育与培训、环境经营、工作区域环境的感受和满意程度。

⑤ 企业与社会关系一方面涉及扶贫、救灾、助残、体育事业、希望工程等公益事业方面的努力与贡献，并向社会提供技术、装备、产品和服务，展示企业，服务社会，回报社会，更多地承担社会责任。这对提高企业社会形象、实现环境友好、促进企业可持续发展具有重要意义。企业与社会关系另一方面涉及社会各界对企业成长的关心，并从多个角度体现社会各界如何看待企业的管理、发展循环经济、开展清洁生产和环境经营等方面的看法及感想。企业与社会关系部分体现企业与社会及公众之间的双向交流，是企业积极回报社会的集中体现，也是企业环境友好最有特色的一部分。

4.4.2　环境友好型工程勘察企业的判定标准

采用问卷打分调查的方法，通过现场发放、电子问卷等形式，收集了数十家工程勘察企业的反馈信息。应用层次分析法从 40 项确认指标中，遴选出了 21 项适合工程勘察公司的环境友好型企业评价指标，并拟定了初步判定标准。环境友好型工程勘察企业评价指标及判定标准见表 4-3。

表 4-3　环境友好型工程勘察企业评价指标及判定标准

序号	指标	成果考量	权重分值
1	企业环境友好建设管理体系	提供附件	3
2	激励环境友好建设的新机制	提供附件	2
3	从事环境友好建设研究与开发的人员数量（包括专职和非专职）	人/10 人	5

续表

序号	指标	成果考量	权重分值
4	上年度获得环境保护发明专利授权的数量	项/百万元产值	15
5	上年度万元产值废水排放量	每低于同行平均值5%	5
6	上年度万元产值可比固体废物排放量	每低于同行平均值5%	5
7	上年度万元增加值主要污染物排放总量	每低于同行平均值5%	5
8	上年度废水循环利用率	同比每提高2%	5
9	上年度构件标准化比率	同比每提高2%	5
10	上年度生产工厂化比率	同比每提高2%	5
11	上年度万元产值办公用车费率	同比每降低2%	5
12	上年度获省部级以上环保奖数量	项/百万元产值	10
13	上年度获省部级以上环保工程奖数量	项/百万元产值	10
14	上年度通过具有科技成果鉴定权机构鉴定的环保成果数量	项/百万元产值	10
15	上年度绿色施工覆盖率	每高于同行平均值2%	8
16	上年度环境友好建设研究与试验发展经费投入率	投入额/总产值≥2%	5
17	环境管理信息系统的构建	提供附件	5
18	企业与社会及利益相关者的关系	提供附件	5
19	上年度环境友好管理体制、机制的创新(有害物质的隔离、测试处理、温室气体及污水排放控制、循环经济等)	提供附件	10
20	环境友好绩效及下年度计划指标	提供附件	2
21	企业环保设施运转率	同比每提高5%	2

注:1.1、2、17~20为主观项,取评委的算术平均分。其余项得分=成果数值×权重分值。

2. 总得分大于60分可评定为环境友好型工程勘察企业。

3.75%以上的企业达到环境友好型企业标准,可以评定为环境友好型子行业。

4.5 "三型"工程勘察企业的建设问题与对策措施

4.5.1 "三型"建设的主要问题与差距

10多年前,建设部的调研报告显示:工程勘察设计咨询的总体水平还不适应我国经济建设和构建技术创新型、资源节约型、环境友好型社会的新形势,勘察设计咨询的服务水平和服务质量还不适应市场经济体制的新要求,勘察设计单位的国际竞争力还不够强，勘察设计咨询工作对转变经济增长方式的基础性作用还没有得到充分发挥。按照科学发展观和建立"四型"社会的方针，目前乃至今后相当一段时期，我国的建设规模将持续扩大，对勘察设计咨询的要求将不断提高；我国勘察设计咨询市场进一步开放，国际竞争更加激烈。而我国勘察设计咨询的总体水平与我国经济建设和科学发展观的要求，与国际水平相比，还有不少差距。

（1）行业层面的问题

① 勘察企业国际竞争能力有待加强。经营模式、服务功能、管理水平、专业特色等方面尚有欠缺。在服务功能上大多还是局限在勘察设计这个主业上，与国外公司从前期策划、可行性研究、招投标代理、造价咨询到设计监理以及后期服务，可提供全过程、全方位的项目管理服务相比还有一定差距。

② 主导地位的问题。工程勘察企业作为技术密集型、智力密集型的企业，在工程建设领域落实科学发展观及实施国家产业政策方面有着重要的引领和主导作用。目前，工程勘察设计行业在工程建设中的主导作用仍未能得到足够重视，甚至呈现边缘化的趋势，勘察设计行业对科技成果转化为现实生产力的作用没有应有的体现。

（2）企业层面的问题与差距

① 争取政策支持的主动性问题。勘察企业在认定高新技术企业、申报创新成果、享受扶植政策、获得优惠贷款等方面积极性不高。一些勘察设计企业并入国有大企业集团后，在集团战略开展上只能处于附属地位，限制了勘察设计自身作用的发挥。勘察设计工作的法律地位没有得到足够确认，勘察设计单位在工程方案确定过程中的独立性缺乏，在整个工程建设产业链条中处于较为弱势的地位。

② 企业内部存在一种矛盾，就是技术创新与经营指标完成度的矛盾。短期看，利用现有成熟技术、减少创新投入获取最大效益，对企业发展似乎有利。从长远来看，企业业务活动空间不足，同质竞争，缺乏差异化优势。

③ 勘察技术水平有待进一步创新提高。

a. 勘察企业的组织形式和运作模式尚待改进，要能充分发挥企业的整体实力，既要注重价格优势，更要体现技术水平。

b. 勘察设计人员的技术水平有待持续提升，客观上，建设单位的出发点是勘察设计周期越短越好，勘察设计费用越低越好，而勘察设计却需要精雕细琢，二者存在一定矛盾，但不能因此心态浮躁，过分依赖软件和标准图，缺乏创新和持续提高技术的意识。

c. 作为创新主体的勘察企业容易疲于应付市场，顾不上技术储备和专有技术研发，从目前勘察企业的专利和专有技术的统计情况看，勘察企业在这方面尽管有所突破，但是仍然有很大的潜力可挖。

④ 行业内的管理、辅助人员比例过高，经营成本居高不下。

⑤ 建设技术创新型、资源节约型、环境友好型企业的意识较薄弱。不少业内人士注重行业总产值和增加值的增长，而对于行业能耗指标体系的建立和节能减排工作的实施不够重视，对万元产值能耗、单位建筑面积能耗等指标，以及节能减排的技术措施和经济政策不重视。这给企业的"三型"建设带来极大的困难。

⑥ "走出去"的竞争力不足。随着国内勘察市场竞争压力加大，企业发展空间受限，必然要"走出去"，寻求更大的发展空间。但是，由于企业的技术水平和管理水平的问题，国际竞争力不充足，一定程度上影响了国际市场的开拓。

因此，以上因素制约了"三型"工程勘察企业建设。

4.5.2 国际型工程勘察企业的发展与借鉴

(1) 先进工程勘察企业简况

发达国家的国际型工程勘察公司的水平和先进程度不一样，且不同行业的国际型工程勘察公司也有某些差异，但作为国际型工程勘察公司有其共同的特点。

① 工程勘查公司是专营工程建设的专业化社会组织。

② 具有 EPC（设计、采购、建造）和项目管理全功能。

③ 具有较强的融资能力。

④ 拥有先进的工艺技术和工程技术。

⑤ 拥有国际范围的销售网和采购网。

⑥ 拥有高素质的人才队伍。

⑦ 重视员工的培训、考核等。

（2）先进工程勘察企业借鉴

① 专营工程建设的专业化组织。国际型工程勘察公司是以项目管理为核心，以提供工程建设服务为主业的技术密集型企业，可以实施从项目策划、工程设计到设备采购和施工管理以及开车服务一体化总承包，因此是专营工程建设的专业化组织。

② 具有 EPC 全功能。国际型工程勘察公司能为业主提供咨询服务、项目管理、设计、采购、施工管理、开车服务"交钥匙工程"总承包或单项服务。EPC 全功能是国际型工程勘察公司区别于单一功能设计院、施工公司等最显著的特点之一。专业化的、全功能工程勘察公司协调管理工程项目，比业主或指挥部自行协调管理，甚至比项目管理咨询公司来协调管理具有更多的优越性，能为业主创造更多的效益。

③ 具有较强的融资能力。融资，即融通、调剂资金。对于工程建设项目，融资即筹措、借贷资金。国际工程承包中，业主付给工程勘察公司的预付款一般为 10%～20%（发展中国家甚至更少），项目实施中所需流动资金平均为 30%～35%，所以预支额可能高达 10%～25%。工程勘察公司要有筹措或借贷到这笔资金的能力。

④ 拥有先进的工艺技术和工程技术。

a. 工艺技术方面。国际型工程勘查公司一般拥有在某方面领先的工艺技术，如能耗方面、质量方面、品种方面、造价方面等。国际型工程勘察公司能够获得先进的技术，如果业主要求采用第三方技术，工程勘查公司就能得到第三方专利技术，且有能力进行工程设计。在国际上，完全没有自己工艺技术的工程勘察公司不能算是一流的国际型工程勘察公司。

b. 工程技术方面。工程技术通常是指工程勘察公司自己开发或总结的专业技术或经验。许多工程勘察公司常以设计手册的方式，规定采用的技术、方法、公式、系统、经验数据等，每个技术人员必须遵守，不允许技术人员个人随意决定，这体现国际型工程勘察公司的工程设计水平。

采用的技术一定是成熟的、先进的。不用自己的尚未成熟的技术，一定确保一次开车成功。如果有一次失败就会严重影响国际型工程勘察公司的声誉，失去市场。因此，国际型工程勘察公司承担的项目，很少出现边试车边修改，投产后几年所设计施工的设备、设施运行不正常的现象。

⑤ 拥有国际范围的销售网和采购网。一般国际型工程勘察公司都在国际

范围内建立自己的销售网和采购网，在世界各主要国家和地区设办事处，与世界各主要制造厂商保持联络，建立国际采购网，及时获得信息，争取获得项目、获得廉价的设备材料，按计划向用户提供世界各国制造的各种设备和材料。这样才能开拓国际市场，参与国际竞争。

⑥ 拥有高素质的人才队伍。企业专业技术人员队伍强大。除了要拥有主要的专业设计人员以外，还要拥有以下人才。

a. 管理人员，如公司管理人员、项目管理人员、计划工程师、费用控制工程师等；

b. 熟悉国际贸易法规、通则和惯例的销售人员；

c. 熟悉国际采购业务的采购人员；

d. 质量专家、安全专家；

e. 律师、税务、保险专家。

⑦ 重视员工的培训、考核。主要包括以下几点。

a. 业务技术的培训；

b. 计算机使用技能和软件应用的培训；

c. 国际型工程勘察设计公司把英语作为公司的工作语言，要求职员能读、能写，执行国际业务的职员还应能听、能说。

d. 职员作风的培训。工程勘察公司要求职员遵守公司规定，工作认真负责、一丝不苟，有进取心和敬业精神，有责任感和荣誉感。工程勘察公司对职员作风要求很严格。职员的精神面貌和作风反映了公司的精神和战斗力。

4.5.3 "三型"工程勘察企业建设对策措施

在调研过程中，各工程勘察设计单位的专家对进一步深化工程勘察设计企业的"三型"建设和企业发展提出了许多建设性的意见和建议。根据企业专家的意见和建议，结合行业协会的建议，提出以下对策措施建议。

（1）总原则

从事工程勘察的科技人员，创新主要是为了实现工程项目的节约性、可行性、舒适性、优质性、环保性、安全性、经济性、高效性 8 个目的。

（2）对策措施与建议

① 构建企业技术创新、资源节约、环境友好管理体系体系，确保"三

型"建设工作的长效性和有效性。建立健全管理机构，构建产业战略联盟，把"三型"建设作为企业发展的主要驱动力。

② 不断创新具有时代特征的设计理念。紧紧围绕贯彻落实科学发展观，充分认识我国人口资源环境特点和所处的发展阶段等基本国情，把握科技进步的趋势，不断吸收先进的设计思想、表现手法和技术成果，创新设计理念。在工程勘察中要坚持以人为本，以满足人们生产、生活需要为基本出发点，坚持遵循适用、经济，在可能条件下注意美观的原则，确保工程全寿命使用周期内的可靠与安全，注重投资效益、资源节约、土地利用和环境保护，营造良好的人居环境和生产条件。

③ 以企业为主体，建立"三型"建设研发平台。将技术创新与资源节约、环境保护目标相结合，组成政府、研究机构、高校、企业与企业技术攻关联合体，构建科研、设计、生产一体化的研发体系，做到理论研究与技术开发相结合，技术开发与成果转化相结合，走污染少、排放低、资源循环率高的新型发展道路，不断研发出具有自主知识产权的环境保护新技术、新工艺、新设备、新材料。技术创新促进"三型"建设，市场需求拉动技术创新。

④ 进一步完善技术进步政策。工程勘察企业要增强社会责任感，严格执行重点行业的环保标准、安全标准、能耗水耗标准和产品技术、质量标准，积极采用节能、节地、节水、节材和保护环境的技术措施。加快研发和推广能够促进行业结构升级和可持续发展的共性技术、关键技术，加快行业技术标准的编制和更新步伐。加大对工程勘察中的专有技术、设计文件、设计方案等知识产权的保护力度。

⑤ 加强工程勘察人才培养，培育高素质创新人才队伍。树立"人才是技术创新第一资源"的指导思想，掌握核心技术与先进管理理念的人才和创新相互交织，才能形成良性循环。要通过激励机制和约束机制，促进工程勘查人员不断提高综合素质。加大对工程勘查大师等行业学术带头人的宣传和奖励力度，注重年轻优秀人才的培养与使用，形成不拘一格、人才辈出的局面。要通过内部结构调整和流程再造，形成以项目管理为核心的管理体系，积极推行项目经理负责制，建立并完善协同工作模式，提高工程勘察项目管理水平。

⑥ 加强企业新技术、新工艺、新材料、新设备的研发和推广应用。通过

政策引导、舆论宣传、资金扶持等，支持研发人员开展面向工程实际，面向市场需求的建筑业技术原始创新、集成创新、引进消化吸收再创新和综合课题的研究；加大科技投入，配置专业研发人员，设立实验室和中试基地，进行具有前瞻性的技术研究，加快成果转化。

⑦ 加强知识管理，创建学习型组织。努力营造有利于技术创新的信息平台。大力发展信息技术，全面推广、普及信息技术在企业中的应用，建立并完善协同工作模式、流程和技术标准，尽快实现企业商务电子化、经营网络化、管理信息化的高效反应、决策、运转机制。

⑧ 重视技术标准管理，加快创新成果向技术标准的转化进程。工程勘察企业要加大资金投入，加强标准编制前期研究，广泛吸纳成熟适用的科技成果，加快工程建设标准的制订、修订，缩短编制周期，以先进的技术标准推动创新成果的应用。骨干企业应加强技术积累与总结，积极制定企业标准。

⑨ 形成为建设工程提供全过程技术和管理服务的咨询设计服务体系。工程勘察企业在搞好工程勘察主业的同时，应积极拓展业务范围：在纵向方面向投资咨询、城市规划、工程监理、招标代理、设备采购、项目管理、工程总承包延伸；在横向方面向多领域、精细化发展，如建筑设计向装饰装修、建筑智能化、设计施工一体化发展，工程地质勘察向岩土工程施工发展。

第 5 章

"三型" 工程设计企业的建设

5.1 工程设计企业建设任务

5.1.1 工程设计企业基本分析

（1）工程设计企业规模分析

2010 年以来，我国工程勘察设计企业的数量整体呈上升趋势，2018 年有所下降。《2019 年全国工程勘察设计统计公报》数据显示，2019 年全国共有 23739 个工程勘察设计企业参加了统计，与 2018 年相比增加了 2.4%。其中，工程勘察企业 2325 个，占企业总数 9.8%；工程设计企业 21327 个，占企业总数 89.8%。2020 年，工程设计收入 5482.7 亿元，与 2019 年相比增长 7.6%；以设计企业牵头的工程总承包收入 33056.6 亿元，与 2019 年相比减少 1.7%。

（2）工程设计企业结构分析

2020 年工程设计收入在工程勘察设计企业营业收入中占 7.56%，工程设计收入 5482.7 亿元，与 2019 年相比增长 7.6%。由数据可知，在工程勘察设计企业营业收入中工程总承包收入占比最大，约占到一半。设计企业占勘察企业总数的 89.85%。

5.1.2 技术创新型工程设计企业建设任务与内涵

(1) 技术创新型工程设计企业建设方向

① 技术创新主要是企业应用研发的新技术、新工艺，采用新的生产方式和经营管理模式，提高设计产品的质量，开发新的设计产品，提供新的服务，占领设计市场并实现市场价值。技术创新包含原始创新、集成创新、引进消化吸收再创新、模仿创新和合作创新等多种形式。原始创新是最基本意义上的创新，其基本属性是原创性和第一性，但耗费的人力和物力巨大。以国内设计企业的历史条件和现实状况，致力于完全的原始创新难度较大，因此，大多数时候还需要通过学习、引进、对外技术合作、吸收先进技术和联合开发等做法，推动集成创新、引进消化吸收再创新、模仿创新和合作创新，以迅速缩短与先进行业的差距。因此，我国设计企业的技术创新活动总体上是以几种创新形式为主，即集成创新、引进消化吸收再创新、模仿创新和合作创新等。

② 集成创新是科学技术发展的重要形式，也是世界技术创新的潮流和发展趋势。设计企业应以设计为龙头，将制造、生产、科研等自有知识进行系统整合，促进相关技术的有机融合，实现关键技术的突破和集成创新，形成具有自身特色、独创的技术成果（包括工艺、产品、装备和控制等技术），并通过工程化应用，将成果集成到新建或改造项目中，发挥具有自有知识产权的技术创新系统优势。

(2) 技术创新型工程设计企业建设任务

① 构建企业技术创新管理体系，确保技术创新工作的长效性和有效性。

② 制定有科学、合理的创新激励政策。

③ 以设计企业为主体，建立自主技术创新平台。有条件的大中型设计企业可实行科研、设计、生产一体化的科技开发体系，强调研发思路的前瞻性，做到理论研究与工程技术开发相结合，工程开发与成果转化相结合，使技术创新始终围绕实现工程化的目标，不断研发出具有自主知识产权的以新形式、新结构、新内容的工程设计为目的，满足用户需要的新技术、新工艺、新设备。

④ 以高校、科研机构为主体，与设计部门或与其他设计企业结合，发挥

设计人员在中试和工业化阶段的作用，参与解决工程开发过程中的工艺放大、设备材质选用、治理环境污染、节能节水降耗等一系列技术、经济和环保等问题。

⑤ 工艺创新。以提升自身竞争能力为目的，不断更新设计手段，保证设计工作符合高效率、高质量、低消耗和环境保护的要求，保证设计工程达到规定的标准，满足用户的要求。工艺创新对于改变落后的生产技术面貌，实现以内涵为主的扩大再生产具有重要意义。如计算机软件技术的引进和开发，使设计实现一体化、数字化，不仅加快设计速度，还提高了设计文件质量。

⑥ 管理创新。以创造或完善协调组织生产过程的方式和方法为主要内容，在不改变产品、工艺的条件下，通过管理方式的改善，实现提高效率和效益的目的。管理技术创新就是要把管理科学的原理和方法以及系统论、控制论、信息论和电子计算机等应用于管理，实现管理现代化，更有效地发挥单位的技术能力和生产能力，提高整体技术水平。

⑦ 集成创新。集成创作包括以下两点。

a. 根据现有条件和一些成功经验，综合已有的技术，对已有技术重新排列组合或在新场合应用已有技术，取得降低消耗、减少污染、提高效益、方便操作、安全生产、节省投资的效果。

b. 开展"技术嫁接工程"，推动设计企业的技术创新。

根据国内外的一些成功做法，集成创新的方式归纳如下：新技术组合；类似工艺嫁接；把各种新技术嫁接起来组成紧凑式工艺或紧凑式工厂；科研成果嫁接；购买科研、中试成果然后工厂化出售；新工艺设备上嫁接改进技术；老工艺上嫁接新工艺设备；在消化引进国外工艺设备基础上，"点菜式"购买不掌握的或有专利的新技术。

（3）技术创新型工程设计企业的建设内涵

① 工程设计企业建设技术创新型企业总体目标是认真审视新形势下的市场定位，充分发挥设计企业的竞争优势，加快改革、兼并、重组步伐，积极培育具有国际竞争力的大型企业集团，提升行业整体竞争能力；努力通过制度创新和实现机制转换，进一步激发企业活力和新的发展动力；大力推进设计企业的自主创新能力，提高管理能力，加大技术进步力度，调整企业结构，加快企业转型，扩展市场空间，扩大企业生存领域，保持可持续发展，

努力争取在各个工程领域的营业收入实现持续快速增长。

②　工程设计企业是将社会实践中的科学知识通过创造性劳动转化为新的成果，为建设服务。设计企业学习、吸收、应用国内外新技术成果并加以综合集成，本身也是创新。设计是基本建设的灵魂，技术创新是工程设计的灵魂，也是把科学技术转化为生产力的最快捷、最有效的途径。没有创新的设计就没有创新的工程建设，从某种意义上讲，基本建设的现状和水平决定于建筑业的水平，尤其是决定于设计水平。基本建设的发展中，投资的主要部分取决于建筑业通过具体的物化劳动变成现实生产力。这个转变的水平决定了转变以后的生产力的水平。因此，设计企业的水平承担着推进、引领、提升和实现我国建筑业走向世界，具有较强的国际竞争能力，真正承担起建设自主创新型、资源节约型、环境友好型国家的责任。国家基本建设的技术发展要依靠设计的创新，因此设计企业如何创新就成为共同关注的课题。

5.2　技术创新型工程设计企业建设途径与标准

5.2.1　技术创新型工程设计企业建设途径

（1）提升创新能力

①　技术创新是设计企业成长的最直接的动因，技术创新作为企业竞争力的核心因素，直接决定着企业的生存与发展。而技术创新的实现，具体落实到了提高技术创新能力上，因此，技术创新能力已成为衡量设计企业在激烈的市场竞争中生存和发展能力的最重要的指标。

②　技术创新能力是一个组合性概念，是指设计企业从对市场技术需求分析、技术创新构思与技术选择开始，经过研究开发到投入市场销售等环节构成的能力系统，是创新决策能力、R&D 能力、市场营销能力、组织管理能力之间的耦合状态，并由此决定系统整体功能。企业进行技术创新的动力在于技术创新能给企业带来超额利润。

（2）注重创新过程

①　技术创新是起始于科学研究与市场需求交互作用中的创新构思、新产品的设计而止于工程施工验收的系列活动过程，是技术的创造、转换、应用和实现的复杂过程。

技术创新过程是将知识和技能转化为业主满意的设计产品的过程；技术创新过程是知识的产生、创造和应用的进化过程，是信息交流、加工的过程；技术创新过程是关键资源成长的过程，是企业提高技术产品附加价值和增强竞争优势的过程；技术创新过程是创新要素在创新目标下流动、实现的过程。

② 企业在技术创新过程中所拥有的创新能力（包括创新决策能力、管理能力、市场营销能力、R&D能力等）是企业通过技术创新带来超额利润的源泉。

③ 工程设计企业技术创新能力评价指标的设计，应从设计企业技术创新的过程来探讨。设计企业技术创新过程可以分为三个方面：企业创新战略做决策的过程，研究开发的过程，成果转化的过程。

这样就体现出了三个方面的能力过程，即创新决策能力、R&D能力、成果转化能力。

④ 另外，在整个技术创新过程中，需要通过组织管理来实现，就需要组织管理能力。

5.2.2　技术创新型工程设计企业的判定标准

采用问卷打分调查的方法，通过现场发放、电子问卷等形式，收集了数十家工程设计企业的反馈信息。应用层次分析法从35项确认指标中，遴选出了20项适合设计公司的技术创新型工程设计企业评价指标，并拟定了初步判定标准。

技术创新型工程设计企业的判定标准见表5-1。

表5-1　技术创新型工程设计企业的判定标准

序号	指标	成果考量	权重分值
1	技术创新管理体系建设	提供附件	5
2	激励创新的新机制	提供附件	3
3	从事研究与开发的人员数量(包括专职和非专职)	人/10人	2
4	拥有省级以上研究、实验基地(室)或中心、博士后流动站的数量及上年度获得发明专利授权的数量	项/百万元产值	10

续表

序号	指标	成果考量	权重分值
5	拥有国家级学术组织机构的数量;上年度获得省部级以上工法的数量或优秀设计的数量	项/百万元产值	10
6	上年度参编的标准、规范、手册的数量;上年度业务范围增项的数量	项/百万元产值	15
7	上年度开发应用的软件数量	项/百万元产值	5
8	上年度创新并应用的管理模式、管理体系、管理工具或工艺流程数量	项/百万元产值	3
9	上年度技术引进、消化吸收再创新、模仿创新、集成创新的成果数量	项/百万元产值	3
10	上年度获得国家和省部级科技奖项数量	项/百万元产值	20
11	上年度通过具有科技成果鉴定权机构鉴定的科技成果数量	项/百万元产值	10
12	上年度研究与试验发展经费投入率	投入额/总产值≥1%	2
13	上年度研发成果总效益率	总效益/总投入≥102%	2
14	上年度增加的核心专有技术数量	项/百万元产值	4
15	上年度获省部级以上工程设计创新奖的数量	项/百万元产值	15
16	上年度在国家正式专业期刊上发表的论文	篇/10 名职工	4
17	企业文化创新及人才培养	提供附件	2
18	企业自主品牌建设	提供附件	2
19	企业信息平台建设	提供附件	3
20	企业诚信平台建设	提供附件	5

注:1. 1、2、17~19 为主观项,取评委的算术平均分。其余项得分=成果数值×权重分值。

2. 总得分大于 60 分可判定为技术创新型工程设计企业。

3. 75%以上的企业达到技术创新型企业标准,可以评定为技术创新型子行业。

5.3　资源节约型工程设计企业建设途径与标准

5.3.1　资源节约型工程设计企业建设途径

(1) 资源节约型工程设计企业建设任务

① 工程设计企业资源节约建设的任务是同其所服务的国家基本建设的资

源节约的内涵紧密相关的。资源节约型国家策略是资源减量耗费—生产高效长寿产品—废弃物综合利用、回收利用、再生利用、循环利用的反馈式非线性模式，其特点是"两低一高"，即资源能源耗费低、物质和能量利用高、污染物排放低。资源节约型社会可以发挥多种功能，四大主要功能如下。

a. 具有生产产品的功能，要构建新一代生产流程，发展新一代产品，特别是生产高效长寿产品；

b. 具有能源转换的功能，能生产清洁能源；

c. 具有处理废弃物的功能；

d. 具有为相关产业提供原料的功能等。

② 要实现资源节约型的社会，首先离不开对建设项目的设计工作。要实现资源节约的企业、行业、社会，要就从源头开始。对于土木工程来说，在未进入生产、消费过程时，就要在设计环节开始把关，即在设计过程中就要不断考虑如何提高资源生产率和利用效率，如何最大限度地减少对不可再生资源的利用，以尽可能多地开发利用替代性的可再生资源，减少进入生产和消费领域的物质流和能源流。

③ 在设计过程中要根据可持续发展原则，贯穿资源节约的思想，减少对自然环境的污染和破坏。时代的发展已经把设计企业推到了建设资源节约型社会先行者的位置上，对于设计单位和设计人员而言，坚持科学发展观，始终将资源的"四节"（节能、节地、节水、节材）放在突出位置，努力提高原始创新能力和技术研发能力，以技术进步带动设计水平的提高，为建设资源节约型、环境友好型社会做出应有的贡献。

(2) 资源节约型工程设计企业建设途径

① 引领资源节约的潮流，大力推广"四节"型建筑科技。大力推广资源节约型的新结构、新技术、新材料和新设备。作为工程科技领域的先行者，工程设计人员最先接触、了解、接受和掌握工程科技的最新动态，有能力、有义务宣传节约的意义，总结节约的经验，广泛推广应用资源节约先进工艺技术和工程科技的成果。在此基础上，加强资源节约指标信息的公开化。

② 进一步加大结构调整和技术进步力度。

③ 制定企业资源、能源节约标准。

④ 企业每年要对资源节约业绩进行全面总结，规划下一年度资源节约目标和公布企业长期资源节约目标。

5.3.2 资源节约型工程设计企业判定标准

(1) 判定标准指标的萃取

采用问卷打分调查的方法，通过现场发放、电子问卷等形式，收集了数十家工程设计企业的反馈信息。应用层次分析法从 34 项确认指标中，遴选出了 19 项适合工程设计公司的资源节约型工程设计企业评价指标，并拟定了初步判定标准。

(2) 资源节约型工程设计企业判定标准

对于设计企业而言，资源节约型标准主要是用来考察工程设计企业所设计的产品在资源节约方面所实现的程度。评价指标体系主要包括对于所设计的资源节约型设计企业的评价指标和工序评价指标两部分，可根据企业性质和自身情况适当调整。资源节约型工程设计企业判定标准见表 5-2。

表 5-2 资源节约型工程设计企业判定标准

序号	指标	成果考量	权重分值
1	资源节约管理体系建设	提供附件	5
2	激励资源节约的新机制	提供附件	3
3	从事资源节约研究与开发的人员数量(包括专职和非专职)	人/10 人	2
4	上年度获资源节约发明专利授权的数量;获省级以上资源节约工程设计奖数量	项/百万元产值	10
5	上年度万元产值可比电耗	同比每降低 2%	5
6	上年度万元产值可比油耗	同比每降低 2%	5
7	上年度万元增加值综合能耗降低率	每高于同行平均值 5%	5
8	上年度万元产值节水率	同比每提高 2%	5
9	上年度万元产值办公费用节约率	同比每提高 2%	5
10	上年度余能利用率	同比每提高 2%	5
11	上年度新型、替代型能源的开发率	同比每提高 2%	5
12	上年度万元产值管理费费用降低率	同比每提高 2%	5
13	上年度获得国家和省部级节约奖项数量	项/百万元产值	20
14	上年度通过具有科技成果鉴定权机构鉴定的资源节约成果数量	项/百万元产值	10

续表

序号	指标	成果考量	权重分值
15	上年度资源节约研究与试验发展经费投入率	投入额/总产值≥1%	5
16	上年度固体废物利用率	同比每提高2%	2
17	上年度获得国家和省部级资源节约工程奖项数量	项/百万元产值	10
18	上年度资源节约管理体制、机制的创新(延长生态良好产品的寿命、原材料的回收、服务效能等)	提供附件	3
19	资源节约绩效及下年度指标	提供附件	2

注:1. 表中1、2、18、19为主观项,取评委的算术平均分。其余项得分=成果数值×权重。

2. 总得分大于60分可初步判定为资源节约型企业。

3.75%以上的企业达到资源节约型企业,可以评定为资源节约型子行业。

5.4 环境友好型工程设计企业建设途径与标准

5.4.1 环境友好型工程设计企业建设途径

(1) 环境友好型工程设计企业概述

工程设计企业环境友好的特征是与其所服务的基本建设工程尤其是工程建设宏观层面的环境友好内涵紧密相关的。环境友好型的工程建设需要以对社会和对人类高度负责的精神,在工程建设和技术改造的同时,进一步加大环保投入;在产品生产的同时,坚持以清洁生产和绿色制造为企业实现可持续发展的重要目标,努力做到废弃物的减量化、无害化和资源化利用,最终实现生产过程及产品整个生命周期污染物的零排放,努力为提高企业周边的环境质量做出应有贡献。工程设计企业的环境友好的内涵,主要是要在高能耗、高污染行业相关的设计过程中,在充分考虑到如何最大限度地减少企业废弃物的排放,如何最大限度地保护企业周边的生态环境等相关问题的基础上,对设计的成果加以改善和优化。

(2) 环境友好型工程设计企业建设任务

① 构建企业环境友好管理体系,确保环境保护工作的长效性和有效性。

② 建立企业环境友好建设激励机制。

③ 广泛推广应用环境保护先进工艺技术。设计企业要加大环境保护资金

投入，广泛推广以万元产值废水排放量、万元产值固体废物排放量、万元产值废水循环利用率、万元产值固体废物综合利用率 4 项指标为重点，抓紧健全和完善企业的环境统计指标体系。

④ 工程设计企业建设环境友好型企业的实质是充分发挥设计企业的竞争优势，提升行业整体竞争能力，大力促进可持续发展理论在工程设计过程中的应用，通过设计企业的努力工作来促进环境友好型固定资产投资的设计与建设。

（3）环境友好型工程设计企业建设途径

① 进一步加大结构调整和技术进步力度。

② 制定环境保护绩效目标和实施方案，健全和完善全行业环境友好统计指标体系，编制年度企业环境报告书，推进环境指标信息的公开化。

③ 加强环境保护指标信息的公开化，包括按季、按月公布企业的完成情况，实行年度企业环境保护公报制度等。

④ 对标挖潜开展与国内、国际同行业先进水平的"对标"行动，主动寻找与同行业领先水平的差距，认真分析原因，进一步提高环境保护和综合利用水平，建立较为完备的对标管理系统，瞄准国际同行业同类型企业的先进水平，逐项指标的对比，逐项措施的落实，有效促进创建环境友好型企业向更高目标、更好水平发展。

5.4.2　环境友好型工程设计企业判定标准

（1）判定标准指标的萃取

采用问卷打分调查的方法，通过现场发放、电子问卷等形式，收集了数十家工程设计企业的反馈信息。应用层次分析法从 38 项确认指标中，遴选出了 22 项适合工程设计公司的环境友好型企业评价指标。

（2）环境友好型工程设计企业判定标准

与资源节约方面类似，从环境友好方面来说，对于设计企业而言，环境友好型判定标准主要是用来考察设计企业所设计的产品即所要建设的项目在环境友好方面所实现的程度以及设计企业本身实现环境友好型企业的判定标准，其中包括环境标准和企业管理标准两类，可根据企业性质和自身情况适当调整。环境友好型设计企业的指标与判定标准见表 5-3。

表 5-3 环境友好型设计企业的指标与判定标准

序号	指标	成果考量	权重分值
1	企业环境友好建设管理体系	提供附件	5
2	激励环境友好建设的新机制	提供附件	3
3	从事环境友好建设研究与开发的人员数量(包括专职和非专职)	人/10 人	2
4	上年度获环境保护发明专利授权的数量及获省级以上环境友好设计奖数量	项/百万元产值	10
5	上年度万元产值可比固体废物排放量	每低于同行平均值 5%	5
6	上年度万元增加值主要能源消耗量	每低于同行平均值 5%	5
7	上年度设计项目构件标准化比率	同比每提高 2%	5
8	上年度设计项目构件工厂化比率	同比每提高 2%	5
9	上年度万元产值办公用车费率	同比每降低 2%	5
10	上年度获省部级以上环保奖数量	项/百万元产值	10
11	上年度获省部级以上环保工程奖数量	项/百万元产值	15
12	上年度通过具有科技成果鉴定权机构鉴定的环保成果数量	项/百万元产值	5
13	上年度绿色施工覆盖率(绿色施工导则)	每高于同行平均值 2%	10
14	上年度环境友好建设研究与开发(R&D)经费投入率	投入额/总产值≥1%	5
15	环境管理信息系统的构建	提供附件	5
16	企业与社会及利益相关者的关系	提供附件	3
17	上年度环境友好管理体制、机制的创新(有害物质的隔离、测试处理、温室气体及污水排放控制、循环经济等)	提供附件	2
18	环境友好绩效及下年度计划指标	提供附件	2
19	企业环保设施运转率	同比每提高 5%	3

注:1. 表中 1、2、15~19 为主观项,取评委的算术平均分。其余项得分=成果数值×权重。

2. 总得分大于 60 分为环境友好型企业。

3. 75% 以上的企业达到环境友好型企业,可以评定为环境友好型子行业。

5.5 "三型"工程设计企业建设问题与对策措施

5.5.1 "三型"工程设计企业建设的主要问题

(1) 行业层面的问题

① 市场秩序尚待进一步规范。业主盲目缩短工程设计周期、任意压低工

程设计费现象比较普遍，既严重影响工程设计质量，又造成工程隐患和资源浪费，更不利于设计创新。一些工程设计单位为取得工程设计项目采取不守规则的方式竞争，扰乱了市场。

② 业主方的苛刻要求。近年来由于建设规模不断扩大、设计周期不断缩短、设计任务不断加重，许多设计人员疲于应付完成出图，设计原创能力不强，工业设计核心研发能力薄弱，工艺设计不先进，细部处理深度不够。特别是方案设计、技术集成、科技创新与先进企业差距较大；设计顶尖人才缺乏，在精品创作和设计理念上存在不足，以致在一些高端设计市场上竞争力不强。

③ 人才壁垒。专业技术人才的数量和质量，是规划设计技术服务能力的直观体现和重要保证，也是成功参与行业竞争的关键因素。工程师级的专业人才，须通过国家组织的严格考试、取得执业资格并在主管部门注册，方能按执业范围开展工作，导致业内企业对专业人才的争夺较为激烈。此外，智慧城市、BIM（建筑信息模型）技术、CIM（城市信息模型）技术等领域，也需要专业技术人才的有效支撑。因此，专业技术人才资源的拥有程度也是限制其他企业进入本行业的主要壁垒之一。

（2）工程设计企业自身的问题

在国内建筑业的大背景下，设计企业存在的问题与差距基本上如上所述。此外，工程设计企业本身还存在如下问题。

① 人才断层。工程技术与设计服务行业是智力密集型行业，人才是企业最重要的资产。随着行业环境变化和企业转型发展需要，设计单位对人才的需求也趋于多元化。

随着装配式建筑、BIM、CIM 等新技术的推广应用，掌握先进技术的高端人才将成为设计行业的主力军。行业高端人才和复合型人才供给不足已成为制约企业发展的重要因素之一。

② 缺乏自主性。作为设计企业是为业主服务的，需要满足业主的要求。业主要求有时就不合理（例如赶工期），就造成资源多耗。业主要求不恰当，让设计方只能屈从，从而降低了工程设计企业自主创新、节约资源与保护环境的主动性和自主性。

③ 各设计院之间、设计院与高校以及科研机构之间的合作研究开展不够，在优势互补方面有待进一步提高。

④ 企业间在知识产权基础上的技术创新成果共享程度不高。目前的行业管理造成工程建设过程中勘察、设计、施工等阶段技术创新活动相互分离的问题，也是影响工程设计技术水平快速发展的一个重要因素。

⑤ 企业在技术创新、资源节约、环境友好所做工作和取得成果进行评价的内外部评估机制尚待完善。

⑥ 工程设计需要结合不同项目的实际情况，合理运用地理学、规划学、水文学、工程学、美学、环境学等多学科的复合知识，具有较强的系统性、专业性及复杂性，对行业内企业的技术能力要求较高。特别是近年来，随着互联网、大数据及人工智能等新兴技术的长足发展，上述技术在规划设计领域的应用实践对行业内企业的技术积累提出了更高的要求。合理将上述多学科知识及技术运用于具体的规划设计业务中，使规划设计项目达到良好的社会经济效益，是行业内企业需要长期实践积累才能逐步形成的核心竞争能力。

⑦ 从调研情况来看，近年来一些工程的设计过于强调传统理念，强调传统建筑符号和技法的运用，理念上反映时代特征不够，而另一些工程的设计过于注重外观形式，片面追求视觉冲击效果，忽视建筑的使用功能、节能环保、环境景观、经济实用等重要因素，"贪大求洋""标新立异""新奇特"之风流行，一些资源能源消耗过高、功能不尽合理、与周边景观极不协调的建筑屡有出现。这都反映出对我国现阶段的国情把握不准，缺乏对科学发展观的深刻领会。

（3）工程设计企业与先进企业的差距

① 营销能力的差距。先进企业有很强的营销能力，善于开拓市场，对国外市场十分熟悉，对开发商及各类建材、工程机械、装备、设备等了如指掌，而且与之有密切的联系，信息比较畅通。先进企业还有较强的融资能力和物力、财力，作为招标、投标和工程总承包的后盾，抗风险能力强。

② 功能的差距。我国过去设计单位功能单一，如电力设计院、水利设计院、市政设计院、煤炭设计院、民用建筑设计院等，服务对象专业性强，而且服务阶段受限。近年来工程设计企业逐步拓展了服务范围，但与先进企业相比还有差距。在为业主提供工程建设全过程的服务，包括前期工作、项目管理、设备采购、施工监理、开车服务等方面，有待使工程设计企业的总承包主导作用得到充分的发挥。

③ 管理的差距。尚未全面实行设计单位以项目经理负责制为主的目标管理。项目管理是一门综合性的软科学，有一套科学的方法，加上 BIM 和管理信息系统的应用，对保证质量、提高效率有显著的作用。我国设计单位需要积累这方面的经验和选拔合格的项目经理人才。

5.5.2 国际型工程设计企业的发展与借鉴

（1）先进设计企业简况

先进的国际型工程设计公司的水平和先进程度不一样，且不同行业的国际型工程设计公司，也有某些差异。作为国际型工程设计公司共同的特点如下。

① 工程设计公司是专营工程建设的专业化社会组织。

② 具有 EPC 和项目管理全功能。

③ 具有与 EPC 全功能相适应的组织机构。

④ 具有较强的融资能力。

⑤ 拥有先进的项目管理技术和很高的项目管理水平。

⑥ 拥有先进工艺技术和工程技术。

⑦ 有扎实的管理、技术基础工作。

⑧ 重视职工素质及培训。

⑨ 有国际范围的销售和采购网络。

⑩ 有高水平的信息管理技术。

⑪ 有高水平的计算机应用技术等。

（2）先进设计企业借鉴

① 专营工程建设的专业化组织。国际型工程设计公司是以项目管理为核心，以提供工程建设服务为主业的技术密集型企业，可以实施从项目策划、工程设计到设备采购和施工管理以及开车服务一体化总承包，因此是专营工程建设的专业化组织。

② 具有 EPC 全功能。国际型工程设计公司能为业主提供咨询服务、项目管理、设计、采购、施工管理、开车服务"交钥匙工程"总承包或单项服务。EPC 全功能是国际型工程设计公司区别于单一功能设计院、施工公司等最显著的特点之一。专业化的、全功能工程设计公司协调管理工程项目，比

业主或指挥部自行协调管理，甚至比项目管理咨询公司来协调管理具有更多的优越性，能为业主创造更多的效益。

③ 具有较强的融资能力。融资即融通、调剂资金。对于工程建设项目，融资即筹措、借贷资金。国际工程设计承包中，业主付给工程设计公司的预付款一般较少，项目实施中所需流动资金一般较多，所以预支额可能高达25％以上。对工程总承包来说，25％的工程款数额巨大，工程设计公司要有筹措或借贷到这笔资金的能力。

④ 拥有先进的工艺技术和工程技术。国际型工程设计公司也拥有在某方面领先的工艺技术，如能耗方面、质量方面、品种方面、造价方面等。

工程技术通常是指工程设计公司自己开发或总结的专业技术或经验。许多工程设计公司也是以设计手册的方式，规定采用的技术、方法、公式、系统、经验数据等。国际型工程设计公司必须具备先进的工程技术。

⑤ 以设计技术人才为主体。国际型工程设计公司中一般科研、设计人员占70％左右，采购、施工管理人员占20％左右，行政人员占10％左右。国际型工程设计公司是以设计技术人才为主体，以科研、设计、采购、施工、试生产、报价及项目管理等各类管理人员为骨干的专家群组成的。国际型工程设计公司一般没有自己的施工队伍。

5.5.3　"三型"工程设计企业建设对策措施

在调研过程中，各工程设计单位的专家对进一步深化工程设计业的"三型"建设和企业发展提出了许多建设性的意见和建议。根据专家的意见和建议，结合协会的引导，提出以下对策措施建议。

（1）总原则

从事工程设计的科技人员，创新主要是为了实现工程项目的节约性、艺术性、舒适性、优质性、环保性、安全性、经济性、高效性共8个目的。

（2）对策措施与措施

① 构建企业技术创新、资源节约、环境友好管理体系，确保"三型"建设工作的长效性和有效性。建立健全管理机构，构建产业战略联盟，把"三型"建设作为企业发展的主要驱动力。

② 不断创新具有时代特征的设计理念。紧紧围绕贯彻落实科学发展观，

充分认识我国人口资源环境特点和所处的发展阶段等基本国情，把握科技进步的趋势，不断吸收先进的设计思想、表现手法和技术成果，创新设计理念，实现艺术与技术的完美结合。在工程设计中要坚持以人为本，以满足人们生产、生活需要为基本出发点，坚持遵循适用、经济，在可能条件下注意美观的原则，确保工程全寿命使用周期内的可靠与安全，注重投资效益、资源节约、土地利用和环境保护，营造良好的人居环境和生产条件。

③ 以设计企业为主体，建立"三型"建设研发平台。研发平台是提高技术创新、资源节约、环境友好能力，加速成果转化，突破关键技术，提升企业和产业核心竞争力的有效手段，也是整合创新资源、完善创新体系、推动创新型城市建设的重要途径。设计企业作为研发平台开发的主体，在研究开发的整个活动中把握其产业化方向，从产品设计、原材料选择、生产方式到项目管理的每一个阶段都应该参与，以保证研究开发紧贴企业的产业化能力。

④ 进一步完善技术进步政策。工程设计企业要增强社会责任，严格执行重点行业的环保标准、安全标准、能耗水耗标准和产品技术、质量标准，积极采用节能、节地、节水、节材和保护环境的技术措施。加快研发和推广能够促进行业结构升级和可持续发展的共性技术、关键技术，加快行业技术标准的编制和更新步伐。加大对工程设计中的专有技术、设计文件、设计方案等知识产权的保护力度。

⑤ 加强工程设计人才培养，培育高素质创新人才队伍，树立"人才是技术创新第一资源"的指导思想。人才发展和技术发展的良性互动对于行业和企业的创新发展意义重大，应注重人才的多元化发展，提供更多的创新机会。通过激励机制和约束机制，促进工程设计人员不断提高综合素质。加大对工程设计大师等行业学术带头人的宣传和奖励力度，注重年轻优秀人才的培养与使用，形成不拘一格、人才辈出的局面。要加快人才培养和引进，积极开拓国内、国际市场。通过内部结构调整和流程再造，形成以项目管理为核心的管理体系，积极推行项目经理负责制，建立并完善协同工作模式，提高工程设计项目管理水平。

⑥ 加强企业新技术、新工艺、新设备的研发和推广应用。通过政策引导、舆论宣传、资金扶持等，支持研发人员开展面向工程实际，面向市场需求的建筑业技术原始创新、集成创新、引进消化吸收再创新和综合课题的研

究；加大科技投入，配置专业研发人员，设立实验室和中试基地，进行具有前瞻性的技术研究，加快成果转化。重视既有建筑改建技术的研发和应用，尽快形成成套技术。

⑦ 加强知识管理，创建学习型组织。努力营造有利于技术创新的信息平台。大力发展信息技术，全面推广、普及信息技术在企业中的应用，建立并完善协同工作模式、流程和技术标准，尽快实现企业商务电子化、经营网络化、管理信息化的高效反应、决策、运转机制。

⑧ 重视技术标准管理，加快创新成果向技术标准的转化进程。工程设计企业要加大资金投入，加强标准编制前期研究，广泛吸纳成熟适用的科技成果，加快工程建设标准的制订、修订，缩短编制周期，以先进的技术标准推动创新成果的应用。骨干企业应加强技术积累与总结，积极制定企业标准。

⑨ 形成为建设工程提供全过程技术和管理服务的咨询设计服务体系。工程设计企业在搞好工程设计主业的同时，应积极拓展业务范围：纵向方面向投资咨询、城市规划、工程监理、招标代理、设备采购、项目管理、工程总承包延伸；在横向方面向多领域、精细化发展，如民用建筑设计向装饰装修设计、建筑智能化，并向工业建筑设计发展。

⑩ 创新设计方法和设计手段，不断推动工程设计企业技术进步。在学习先进技术与管理的同时，坚持自主创新，不断推进技术进步，包括创新方法与手段，创新项目管理，实施信息化管理，建立、应用单位信息集成系统，创新设计技术。工业设计突出生产工艺的先进性，提倡设计的工程化、标准化；土建及民用建筑设计突出方案的适用、经济、美观，节能、环保，不断吸取先进设计理念，大量运用新材料、新工艺、新技术和新设备。向大跨度、大跨径桥梁、超高层、大跨度建筑设计等世界先进水平跨越。不断增加科技投入，发挥专业优势特长，利用知名专业带头人和配套团队，研发并拥有具有自主知识产权的技术和专利，加强企业集成技术与创新发展。在基础研究、政策研究、国家地方行业标准规范编制和科研成果转化以及为设计行业的技术发展、集成创新等方面不断进取。

第6章

"三型"建筑施工企业建设

6.1 建筑施工企业概述

6.1.1 建筑施工企业基本分析

（1）规模分析

① 建筑施工企业总体规模再创新高。2020 年，全国具有资质等级的总承包和专业承包施工企业完成建筑业总产值 263947.04 亿元，比 2019 年增长 6.24％。2016～2020 年具有资质等级的总承包和专业承包施工企业主要经济指标如表 6-1 所示。

2016～2020 年总承包和专业承包施工企业总产值、增加值变化如图 6-1 所示。

表 6-1　2016～2020 年总承包和专业承包施工企业主要经济指标

项目	2016 年	2017 年	2018 年	2019 年	2020 年
企业数量/个	83017	88074	96544	103814	116716
建筑业总产值/亿元	193566.78	213943.56	235085.53	248445.8	263947.04
建筑业增加值/亿元	51499	57906	61808	70904	72996
利润总额/亿元	6986.05	7491.78	7974.82	8279.55	8303

续表

项目	2016 年	2017 年	2018 年	2019 年	2020 年
劳动生产率(按总产值计算)/(元/人)	336991	347963	373187	399656	422906
产值利润率/%	3.6	3.5	3.4	3.4	3.2

图 6-1　2016～2020 年总承包和专业承包施工企业总产值、增加值变化

② 建筑业在国民经济中支柱产业的地位稳固。2020 年，全社会建筑业增加值 72996 亿元，比 2019 年增长 3.5%，占全年国内生产总值的 7.18%，国民经济支柱产业地位稳固。建筑业仍是拉动就业的重要力量，全国具有资质等级的总承包和专业承包建筑企业从业人员 5366.92 万人，占全国就业人员总数的 7.15%。建筑企业从业人员连续两年减少，2020 年比 2019 年末减少 60.45 万人，减少 1.11%。

（2）效益分析

2020 年，全社会建筑业增加值 72996 亿元，比 2019 年增长 3.5%。企业经营效益稳步提高，全国具有资质等级的总承包和专业承包建筑企业利润 8303 亿元，比 2019 年增加 23.45 亿元，增长 0.28%，增速比 2019 年降低 2.63 个百分点；其中，国有控股企业 2871 亿元，增长 4.7%。近 10 年来，建筑业产值利润率（利润总额与总产值之比）一直在 3.5% 左右，但连续 4 年下降，2020 年建筑业产值利润率为 3.15%，比 2019 年降低了 0.18 个百分点。

6.1.2　建筑施工企业结构分析

（1）产品结构

房地产开发投资平稳增长。2020 年，房地产开发投资 141443 亿元，比 2019 年增长 7.0%。其中，住宅投资 104446 亿元，增长 7.6%；办公楼投资 6494 亿元，增长 5.4%；商业营业用房投资 13076 亿元，下降 1.1%。

2020 年，房屋建筑竣工面积 38.48 亿平方米，较 2019 年下降 4.37%，连续 4 年出现负增长。其中，住宅房屋竣工面积所占比例最高，达 67.32%；其次为厂房及建筑物、商业及服务用房屋，所占比例分别为 12.60%、6.68%，其他各类房屋竣工面积占比均在 5% 以下。2020 年房屋建筑竣工面积构成见表 6-2。

表 6-2　2020 年房屋建筑竣工面积构成

房屋类型	竣工面积/亿平方米	所占比例/%
住宅房屋	25.898004	67.32
厂房及建筑物	4.84722	12.60
商业及服务用房屋	2.569796	6.68
科研、教育和医疗用房屋	1.819631	4.73
办公用房屋	1.627281	4.23
文化、体育和娱乐用房屋	0.369312	0.96
仓库	0.26929	0.70
其他未列明的房屋建筑物	1.069466	2.78

（2）所有制结构

国有企业骨干作用继续发挥。2020 年，在具有资质等级的总承包和专业承包建筑企业中，国有及国有控股建筑企业 7190 个，比 2019 年增加 263 个，占建筑企业总数的 6.16%，比 2019 年下降 0.51 个百分点。

6.1.3　国内建筑市场的发展态势与挑战

过去的 10 多年，我国国民经济在住宅、汽车等新需求形成，出口强劲，多元化投资旺盛，产业结构全面调整升级，消费水平逐步提高等因素推动下，继续保持平稳较快增长。全社会固定资产投资不断增长，给建筑企业的发展带来了良好的机遇。我国从事勘察设计、施工、监理、招标代理、造价咨询活动的企业逐年增加，实力不断增强。

(1) 铁路建设方面的发展与态势

"十二五"期间，全国铁路固定资产投资完成 3.58 万亿元，比"十一五"多完成 1.15 万亿元，增长 47.3%；新线投产 3.05×10^4 km，比"十一五"多完成 1.59×10^4 km，增长 109%，是历史投资完成最好、投产新线最多的 5 年。到 2015 年底，全国铁路营业里程达到 12.1×10^4 km，居世界第二位；其中，高速铁路 1.9×10^4 km，居世界第一位。"十三五"期间，我国铁路固定资产投资持续增加，分别完成 8015 亿元、8010 亿元、8028 亿元、8029 亿元和 7819 亿元，合计达到 3.99 万亿元。"十四五"期间，规划铁路固定资产投资总规模与"十三五"相当，继续保持平稳态势。平均每年铁路固定资产投资完成 8000 亿元。

(2) 公路建设方面的发展与态势

"十二五"期间，我国"五纵五横"综合运输大通道基本贯通，综合交通网络初步形成，综合枢纽建设明显加快，各种运输方式衔接效率显著提升。"十二五"期间，完成公路固定资产投资超过 8.0 万亿元。"十三五"期间，我国公路总投资达到 10.68 万亿元。"十四五"期间，我国《公路"十四五"发展规划》提出，到 2025 年，安全、便捷、高效、绿色、经济的现代化公路交通运输体系建设取得重大进展，高质量发展迈出坚实步伐，设施供给更优质、运输服务更高效、路网运行更安全、转型发展更有力、行业治理更完善，有力支撑交通强国建设，高水平适应经济高质量发展要求，满足人民美好生活需要。

(3) 城市轨道建设方面的发展与态势

据中国交通运输协会城市轨道交通专业委员会完成的报告显示，2009 年开始，我国已经进入城市轨道交通快速发展的新时期。"十三五"期间，我国城市轨道交通运营里程稳步攀升，并且我国已经成为了全球城市轨道运营里程数第一，远超德国、俄罗斯、美国等发达国家。截至 2020 年末，全国（不含港澳台）城轨交通运营线路达到 7969.7km，城轨交通运营线路中共有 8 种制式同时在运营，分别是地铁、轻轨、跨座式单轨、市域快轨、有轨电车、磁浮交通、自导向轨道系统、电子导向胶轮系统。其中，地铁运行里程数最高为 6280.8km，占比 78.81%，为国内运营线路里程数最高的城市轨道交通类型。《中华人民共和国国民经济和社会发展第十四个五年规划和 2035 年远景目标纲要（草案）》提出，"十四五"期间我国将新增 3000km 城市轨道交通运营里程，由此可推算，2025 年末我国城市轨道交通运营里程数将有望突破 $1×10^4$ km（2020 年我国城市轨道交通运营里程数为 7679.7km）。结合"十二五"期间及"十三五"期间城市轨道交通累计完成投资额、累计客运量等相关数据以及考虑 2020 年疫情的影响测算出，"十四五"期间我国城市轨道交通累计完成投资额有望达到 18188 亿元，累计客运量有望达到 1292 亿人次。

（4）城市建设方面的发展与态势

① 新型城镇化仍有较长红利期。我国城镇化进程进入中后期，2021 年我国城镇化率达到 64.72%。国家"十四五"规划和 2035 年远景目标纲要提出："十四五"期间常住人口城镇化率提高到 65%，2035 年达到 75%，2050 年达到 80%。

② 装配式建筑成为主流。近年来，国家对装配式建筑模式发展采取鼓励策略，产业扶持力度和针对性逐渐加强，2025 年全国新建建筑中装配式建筑占比将达到 30%，各地区政府配套措施跟进及时，全国开工面积迅速增长。

③ 绿色节能建筑新航道不断拓宽。国家明确了"十四五"期间 9 项重点任务：提升绿色建筑发展质量、提高新建建筑节能水平、加强既有建筑节能绿色改造、推动可再生能源应用、实施建筑电气化工程、推广新型绿色建造方式、促进绿色建材推广应用、推进区域建筑能源协同、推动绿色城市建设。

④ 工程总承包模式将成建筑业未来主要发展模式。工程总承包模式在国际工程市场中占有很大份额，也是在当前国内工程市场中被政府管理部门和现行《中华人民共和国建筑法》努力推广的一种模式，越来越多地应用于我国施工生产当中。

⑤ 商业模式向"投建营"全产业链一体化发展延伸。为适应行业发展需求，大型建筑企业正大力拓展规划设计、投融资、全过程咨询、产业导入等高附加值的业务能力，加快产业链高端补链、强链步伐，加强产业链间的协同整合，全面提升全产业链、一体化发展的竞争优势。

⑥ PPP（公私合作模式）、BOT（设计、经营、转让模式）、EPC（设计、采购、建造模式）、TK（交钥匙模式）、工程总承包等市场仍是建筑企

业转型的重要方向。

⑦ 新基建市场发展空间较大。未来，建筑业将加快向信息化、数字化、智能化转型，智慧城市、智能交通、智能能源、智能建筑等成为新的发展方向，新型基础设施与传统基础设施的嵌套、融合发展成为必然，将深刻改变建筑业的实现方式、生产组织和管理模式。

⑧ 建筑市场体系及运行机制更加健全。到 2025 年，建筑法修订将加快推进，法律法规体系更加完善；企业资质管理制度进一步完善，个人执业资格管理将进一步强化，工程担保和信用管理制度将不断健全，工程造价市场化机制初步形成；工程建设组织模式持续优化，工程总承包和全过程工程咨询将广泛推行。

（5）国内建筑施工企业面临的挑战

① 要素成本上升成为建筑业发展的制约因素。优质供应链资源成本不断上涨，掌控优质供应链资源成为必然趋势。发展壮大产业工人队伍，通过混改、兼并、收购等方式向供应链延伸成为必然趋势。劳动力资源持续减少，协作队伍资源成为企业扩张瓶颈。

② 建筑企业经营风险仍存。各类业主资金短缺，偿债能力成最大风险。各大开发商已经加强去杠杆、降风险，但目前普遍采用的大节点付款方式对建筑企业造成资金压力。

③ 国企改革将加速推动建筑企业整合重组。"对标国际一流"的总体目标是激发企业活力，优化治理模式，实现由管企业向管资产转变，国有企业将进一步被推向市场，竞争力不强的企业将在市场中进行优化重组。

④ 建筑业新技术的应用将加快产业工人职业化转型。随着 BIM 技术、CIM 技术、智能建筑、智慧工地、无人机等技术在建设工程中的逐步运用，需要建筑施工企业加快推进产业工人职业化，加大新材料、新装备、新技术使用培训力度，拥有一批较高技能的建筑产业工人，提升生产效率和工程建造品质。但施工企业高技能人才短缺，产业工人老龄化日益加剧、文化程度和技能素质偏低，制约着建筑业由大向强的转变。

⑤ 以联合体的名义参与政府采购招标将成为常态化。全球市场经济回暖，政府采购规模越来越大，特别是政府采购工程建设项目规模越来越大，对专业技术水平的要求也越来越高，数家企业组成联合体，以联合体的名义参与政府采购招标，成为填补企业资源和技术缺口，提高企业竞争力以及分

散、降低企业经营风险，适应当前市场环境的一种良好方式。联合体中标后，按照联合体的内部分工，各自按资质类别等级的许可范围承担工作，能够提高中标人的履约能力。防止中标人因履约能力差而转包采购项目，损害采购人的利益。但不同企业拥有的企业文化各不相同，对事物的认知能力也互有高低，尤其是国内企业与国际公司联合投标时，因文化差异迥然不同，可能产生矛盾，会影响项目正常实施，只有管理创新才是解决上述问题的良药。

6.2 技术创新型建筑施工企业的建设

6.2.1 建设任务、建设内涵与途径

（1）技术创新型建筑施工企业的建设任务

技术创新型建筑施工企业的建设任务，总体上说是使企业拥有与现在的地位和全面发展的更多的以核心技术为支撑的市场竞争力；拥有包括设计在内的在国内和国际有影响的自主品牌；拥有在国内和国际具有差异化的产品；拥有持续创新能力；拥有较强盈利能力和较高管理水平；拥有创新发展战略和文化；拥有精益求精、优中求精的管理意识与企业精神。

建设技术创新型建筑施工企业的具体任务如下。

① 构建企业技术创新管理体系，确保技术创新工作的长效性和有效性。

② 建立企业资源节约激励机制。

③ 树立创新精神、科学精神。

建筑施工企业实现创新需要做到以下几点。

a. 有独立思考的精神，要敢于质疑。

b. 一丝不苟，严格苛求，反复论证，并善于倾听和尊重不同的意见。

c. 将不知疲倦地探索未知领域作为无穷乐趣，避免主观臆测和教条主义。

建筑施工企业创新精神在于以下几点。

a. 要有技术为先导、市场为导向的观念，如经营创新观念、无形资产观念、质量效益观念、经营风险观念、人才观念，诚信观念。

b. 要把创新作为推动企业发展的强烈责任感和使命感，从而产生技术创

新的内在驱动力。

c. 要保持昂扬向上的精神状态，可以进行求异的思维和实践，提出新见解，开拓新领域，创造新事物。

d. 要有团队意识，树立整体理性思维的大局观、整体权衡利弊的利益观，要通过强有力的整体团队力量来创新，并且要达到 $1+1>2$ 的效果。

④ 搭建创新管理的新平台。与政府、科研机构、高校以及其他企业联合，积极争取各方的支持，搭建起一个内外互通的平台，要发挥好这些平台的内促进外互动的作用，以专业领域研发为突破口，带动产业结构调整和产品升级换代，根据新材料的性能与特点研发新的工艺、技术和设备，并形成工法。

⑤ 加强建筑施工企业的现代管理和软件开发与应用技术，大力推进在下述领域的创新：总结高层建筑施工经验，发展成套施工技术。尤其是超高层钢结构、劲性钢筋混凝土结构和钢管混凝土结构的应用技术。

⑥ 深度开展高性能外加剂、高性能混凝土的研究、开发与应用。研发预应力混凝土和特种混凝土应用技术；改进与提高多层建筑功能质量，发展小型装配式、工厂化建筑和框架轻墙建筑体系；开发建筑节能产品，发展节能建筑技术；开发既有建筑的检测、加固、纠偏及改造技术，减少工程返工；提高化学建材在建筑中的应用。

⑦ 开发智能建筑，研究解决施工安装与调试中的智能建造问题；开发落后产能拆改技术和金属焊接与检测技术。

(2) 技术创新型建筑施工企业的建设内涵

① 建设技术创新型建筑施工企业的总目的是培育和增强企业创新力，从根本上转变经济增长方式，由劳动密集型的粗放经营方式转变为资本和技术密集型的集约化经营方式。

② 建筑施工企业集约化经营方式就是通过对单位土地面积多投放活劳动和物化劳动，来提高土地利用率，提升功能的"容积率"，提高土地的经济功能和负荷能力。具体来讲就是人、财、物投入比例的最优化；具有低成本采购能力，低库存；物料的可定量化、精准化；过程实施精细化管理或者六西格玛精益生产管理；产品品质优质，品牌精优化；全程实施 ERP 等企业信息化管理手段，第一时间了解信息，快速精准协调；功能化离线制作预制件，现场加工装配；节能降耗，低污染，环境友好。

③ 建筑施工企业要通过增强企业创新转变经济增长方式。要以设计为龙

头，工程总承包企业和大型施工企业要率先成为行业内部的 EPC、DB（设计＋施工）的标杆企业，更要成为建筑业品牌企业，并成为走向国际化的先锋军。

④ 建筑施工企业应尽快转变经济增长方式，转换经营方式，高标准、体系化精心培育企业创新力，大力推进自主创新，积极推进公司转型发展，这是实现建筑施工企业新一轮发展目标的必由之路。

（3）技术创新型建筑施工企业的建设途径

① 创新企业文化，凝练企业价值观，创设一个包容、理解、鼓励创新的企业文化。以建筑施工为主的企业与其他企业的主要区别在于工作人员的分散性和流动性，价值观成为决定、影响公司员工行为的准则。建筑施工企业要始终坚持 4 种价值观：

a. 人的价值高于物的价值；

b. 共同价值高于个人价值；

c. 社会价值高于利润价值；

d. 用户价值高于生产价值。

应使这些价值观伴随企业的发展并转化为企业凝聚力和活力的源泉，潜移默化地影响全体员工，营造良好的企业技术创新氛围。

② 根据科学发展观思想核心建设技术创新型建筑施工企业。企业组织发动企业全员在各个环节中围绕客观规律开展创新活动，使创新体现出全员性、广泛性、系统性、外延性、纵深性和复合性。拓宽经营思路，突破技术范围，向传统技术的深度发展，达到综合利用，形成优势互补。要不断提高生产力水平，不断提高建筑产品质量，不断降低成本，节约材料，减少污染。使企业具有生产力水平的效能性、产品质量的优质性、生产成本的经济性、自然环境的保护性。

③ 努力创造和培育拥有自主知识产权的自主品牌并形成自主品牌体系。建筑施工企业的创新与发展需要品牌作为重要支撑。品牌正在超越产品为企业创造价值。品牌以企业提供的产品为载体，但其丰富的内容却超过了产品本身。品牌除了产品本身可以比较的档次、质量外，还包含了附加在产品上的文化背景、情感、客户认知等无形的东西。而后者因其能向消费者提供超值享受，重要性更为突出。建筑施工企业创新的重要任务之一就是塑造强大的品牌效应，建立品牌保障体系，占领更多的市场份额，跨越国界和文化，使企业成为国际大品牌公司，拥有强大的全球市场，进而激发职工的忠诚度

和发挥职工能动性。

④ 提倡战略引导、战略催生技术开发的创新路径。战略引导技术瞄准国内外高端建筑产品市场，形成自主创新、高端化、品牌化的高端建筑技术系列品牌。从技术创新力培育出发，通过系统创新力的全面打造，最后实现产业创新力的不断提升。

⑤ 推进技术进步和科技创新。要坚持和发扬建筑施工企业"自主创新，重点突破，支撑发展，引领未来"的指导方针。不断推进本企业的技术提升和创新，为新产品的开发和生产提供源源不断的新技术和新工艺。在整个企业的范围内不断推进制度创新、管理创新、机制创新和市场营销创新等，保证以技术创新为基础的新产品能大规模、高速、优质地生产和营销。

⑥ 工程项目管理理论和方法的创新。主要包括新的管理理论应用、新的管理方法和工具的应用、新的管理模式和模型的应用等。项目管理的理论和方法是由项目管理的任务、项目目标、项目的使命决定的。

⑦ 工程项目管理的创新必须符合工程项目的可持续发展和全生命期管理的要求，实现项目与生态环境的协调；建筑造型、空间布置与环境整体和谐；采用多维矩阵项目组织；节约使用自然资源，特别是不可再生资源；不破坏当地的社会文化；在项目的建设和运行过程中行为合法；以一体化、运营化和国际化为导向，通过提升为客户提供综合服务的能力来建立长期的竞争优势，摆脱单纯依靠价格优势获取项目的不足。

6.2.2　技术创新型建筑施工企业的判定标准

采用问卷打分调查的方法，通过现场发放、电子问卷等形式，收集了数十家建筑施工企业的反馈信息。应用层次分析法从37项确认指标中，遴选出了20项适合技术创新型建筑施工企业的评价指标，并拟定了初步判定标准。技术创新型建筑施工企业的判定标准见表6-3。

表6-3　技术创新型建筑施工企业的判定标准

序号	指标	成果考量	权重分值
1	技术创新管理体系建设	提供附件	5
2	激励技术创新的新机制	提供附件	5
3	从事研究与开发的人员数量（包括专职和非专职）	人/10人	2

续表

序号	指标	成果考量	权重分值
4	拥有省级以上研究、实验基地(室)或中心、博士后流动站的数量;上年度获得发明专利授权的数量	项/千万元产值	15
5	拥有国家级学术组织机构的数量;上年度获得省部级以上工法及工程施工奖项的数量	项/千万元产值	10
6	上年度参编的标准、规范、手册的数量;上年度业务范围增项的数量	项/千万元产值	10
7	上年度开发应用的软件数量	项/千万元产值	5
8	上年度创新并应用的管理模式、管理体系或管理工具、工艺流程的数量	项/千万元产值	3
9	上年度技术引进再创新或集成创新的成果数量	项/千万元产值	5
10	上年度获得国家和省部级科技奖项数量	项/千万元产值	10
11	上年度通过具有科技成果鉴定权机构鉴定的科技成果数量	项/千万元产值	10
12	上年度研究与试验发展经费投入率	投入额/总产值≥2%	2
13	上年度研发成果效益率	总效益/总投入≥102%	2
14	上年度获省部级以上工程设计创新奖的数量	项/千万元产值	10
15	上年度增加的核心专有技术数量	项/千万元产值	3
16	上年度在国家正式专业期刊上发表文章	篇/10 名职工	2
17	企业文化创新及人才培养	提供附件	2
18	企业自主品牌建设	提供附件	3
19	企业信息平台建设	提供附件	3
20	企业诚信平台建设	提供附件	3

注:1. 表中 1、2、17~19 为主观项,取评委的算术平均分。其余项得分=成果数值×权重分值。

2. 总得分大于 60 分为技术创新型企业。

3. 75%以上的企业达到技术创新型企业的标准,可以评定为技术创新型子行业。

各类指标的评价权重分值比率、评分模式等具体评价方法可以依据科技部推荐的参数确定,也可以根据建筑施工企业情况,在后期研究中通过建立评价模型,研究评价方法来加以确定。

6.3　资源节约型建筑施工企业的判定标准

6.3.1　建设任务、建设内涵与路径

(1) 资源节约型建筑施工企业的建设任务

建设资源节约型建筑施工企业是一个复杂系统的工程,要求全行业企

业、管理者、实施者都能够积极参与，各企业的群策群力，共同发展进步，共同维护落实；要求各企业积极进行技术创新、努力进行资源节约、发展循环经济，提倡文明建设，形成技术创新、节约资源的良好的行业风气。

建设资源节约型建筑施工企业的具体任务如下。

① 构建企业资源节约管理体系，确保资源节约工作的长效性和有效性。建筑施工企业工作地点分散、人员流动性强，资源节约管理体系建设尤为重要。

② 建立企业资源节约激励机制。

③ 以建筑施工企业为主体，建立资源节约研发平台。将技术创新与资源节约目标相结合，实行研发、转化、应用一体化的创新体系，做到理论研究与资源节约技术开发相结合，技术开发与成果转化相结合，使资源节约研发始终围绕实现工程目标，满足市场，增产提效。通过新技术攻关发展科技生产力，挖掘节约创效潜力，不断研发出具有自主知识产权的资源节约新技术、新工艺、新装备和新材料。开发新能源和能源替代技术，开发推广节能新材料。

④ 具有总承包资质的企业要树立正确的设计、施工指导思想，不断提高设计、施工人员的综合素质。

⑤ 引领资源节约的潮流，大力推进资源节约型的新结构、新技术、新材料和新设备的施工应用。

⑥ 主动寻找与同行业先进水平的差距，认真分析原因，进一步提高资源节约和综合利用水平，有效促进资源节约型企业的创建向更高目标、更好水平发展。

（2）资源节约型建筑施工企业的建设内涵

① 资源节约型建筑施工企业建设的总目的是全面践行科学发展观，提高企业的社会责任意识，提高产品质量、节能降耗，探索能源消耗少、科技含量高、经济效益好、资源优势得到充分发挥的建筑施工企业科学发展的新路径。

② 在企业发展过程中，强调更多的是发展的质量，要求改变过去粗放式管理的经济增长模式，把发展与技术创新、资源节约相结合，通过技术创新提高行业发展动力，通过科学技术提高资源利用率，进而提高行业发展的水平和质量，使得循环经济模式成为建筑施工企业经济运行的主导模式。

③ 贯彻落实科学发展观的重大举措就是建设资源节约型社会，对于调整经济结构、转变增长方式、提高人民生活质量，具有极其重要而深远的意义。

④ 资源消耗水平是经济结构、增长方式、科技水平、管理能力、职工素质的综合反映。住房和城乡建设部在节能技术、清洁生产技术、循环利用技术的对策措施研究基础上，相继发布了技术进步指标评价体系，开展了国家优秀工程建设奖评选等诸多工作，这对加快建筑施工企业资源节约方面的进步与发展十分重要。

⑤ 资源节约型的建筑施工企业应该是资源节约、能源节约意识强、文明施工好、管理水平高、资源消耗少、成本水平低、科技含量高、投入少产出多、经济效益好的企业。

（3）资源节约型建筑施工企业的建设路径

① 大力节约能源。启动节约和替代石油、热电联产、余热利用、建筑节能、绿色照明等重点节能工程。利用被动式技术推动新建住宅、公共建筑节能和现有建筑节能改造。在公用设施、宾馆商厦、居民住宅和全社会推广采用节能照明产品。建筑过程中积极开发利用水能、风能、太阳能、生物质能等可再生能源。

② 大力节约用水。积极推进节水设备和器具，推进污水处理及再生利用技术的应用。大力实施建设工程的节水技术改造，推进沿海缺水城市海水淡化和海水直接利用技术。

③ 大力节约原材料。加强企业原材料消耗管理，严格设计、施工、生产等技术标准和材料消耗核算制度，推广使用再生材料，提高原材料利用率。

④ 大力节约和集约利用土地。坚持实行最严格的土地保护制度。按照节约和集约利用土地的要求，积极推进墙体材料革新和新型墙体材料的应用。

⑤ 大力推进资源综合利用。推进工业废物综合利用，推进再生资源回收利用。通过精细施工，修配改代，变废为宝。积极开展建筑垃圾资源化利用和建筑材料综合利用，确保现有的各类资源效能效益得到最充分的发挥，通过资源整合来节约、创效。

⑥ 大力发展循环经济。按照"减量化、再利用、资源化"的原则，促进资源循环式利用，推进循环式生产，推动产业循环式组合。

⑦ 通过淘汰落后的工艺、设备和装置，提升装备规模和技术水平，实现资源和能源消耗的持续下降。

⑧ 通过信息化、智能化手段，节约创效。针对企业发展规模日益扩大，市场环境瞬息万变，项目分布点多面广、管理成本不断加大的现状，通过抓技术创新，在企业建立企业管理信息网络系统，实施能源实时监控及信息管理，对各种能源介质实施动态监控和管理，并通过信息共享、信息交流，提高工作效率，节约企业管理成本。

⑨ 正确处理生产经营与资源节约的关系、近期效益和企业可持续发展的关系，把资源节约、能源节约融入到企业的战略规划、管理体系和日常经营活动之中，精细管理、精益管理，向管理要能源、向管理要效益，建立健全从总公司到子公司、处室、项目部多层级的资源节约管理网络。要切实把资源节约的理念、目标和要求转化为企业的发展方针、管理制度和工作程序，成为每一个员工的信念和行动。

6.3.2　资源节约型建筑施工企业的判定标准

采用问卷打分调查的方法，通过现场发放、电子问卷等形式，收集了数十家建筑施工企业的反馈信息。应用层次分析法从 43 项确认指标中，遴选出了 19 项适合资源节约型建筑施工企业的评价指标，并拟定了初步判定标准。资源节约型建筑施工企业的定量判定标准见表 6-4。

表 6-4　资源节约型建筑施工企业的定量判定标准

序号	指标	成果考量	权重分值
1	资源节约管理体系建设	提供附件	3
2	激励资源节约的新机制	提供附件	2
3	从事资源节约研究与开发的人员数量（包括专职和非专职）	人/10 人	5
4	上年度获得资源节约发明专利授权的数量及获得省级以上资源节约施工奖的数量	项/千万元产值	15
5	上年度万元产值可比电耗	同比每降低 2%	5
6	上年度万元产值可比油耗	同比每降低 2%	3
7	上年度万元增加值综合能耗降低率	每高于同行平均值 5%	2
8	上年度万元产值节水率	同比每提高 2%	5
9	上年度万元产值办公费用节约率	同比每提高 2%	2

续表

序号	指标	成果考量	权重分值
10	上年度余能利用率	同比每提高2%	3
11	上年度新型、替代型能源的开发率	同比每提高2%	5
12	上年度万元产值管理费费用降低率	同比每提高2%	5
13	上年度获得国家和省部级节约奖项数量	项/千万元产值	10
14	上年度通过具有科技成果鉴定权机构鉴定的资源节约成果数量	项/千万元产值	10
15	上年度资源节约研究与试验发展经费投入率	投入额/总产值≥1%	5
16	上年度固体废物利用率	同比每提高2%	5
17	上年度获得省部级以上资源节约工程奖项数量	项/千万元产值	10
18	上年度资源节约管理体制、机制的创新(延长生态良好产品的寿命、原材料的回收、服务效能等)	提供附件	3
19	资源节约绩效及下年度节约指标	提供附件	2

注：1. 表中 1、2、17～19 为主观项，取评委的算术平均分。其余项得分＝成果数值×权重分值。

2. 总得分大于 60 分为技术创新型企业。

3.75％以上的企业达到技术创新型企业的标准，可以评定为技术创新型子行业。

6.4　环境友好型建筑施工企业的建设

6.4.1　建设任务、建设内涵与途径

（1）环境友好型建筑施工企业的建设任务

建筑施工企业的环境友好的总体任务是发展环保科技，坚持清洁发展、文明发展、安全发展，在企业生产的源头和全过程充分利用资源，使废物最小化、资源化、无害化，控制工业污染，减少外排污染物，逐步建立生产者责任延伸制度，加快淘汰能耗高、污染大的生产工艺和技术装备，大力发展循环经济，实现企业发展与环境保护双赢，使建筑施工企业实现可持续发展，切实增强环境意识，减少污染排放，提高发展的质量，为实现我国的经济效益、社会效益和环境效益的统一协调而不懈努力，为我国乃至全球的可持续发展做出贡献。

① 构建企业环境友好管理体系，确保环境保护工作的长效性和有效性。

环境保护管理体系是建立环境保护管理组织，完善管理体制，围绕清洁生产、减少排放等重点，进一步增强环境保护意识，把环境保护作为企业发展的社会责任。

② 建立企业资源节约激励机制。

③ 以建筑施工企业为主体，建立环境保护研发平台。将技术创新与环境保护目标相结合，组成政府、研究机构、高校、企业技术攻关联合体，实行科研、设计、生产一体化的研发体系，做到理论研究与环境保护技术开发相结合，技术开发与成果转化相结合，走污染少、排放低、资源循环率高的新型发展道路，不断研发出具有自主知识产权的环境保护新技术、新工艺、新设备、新材料。

④ 广泛推广应用环境保护先进工艺技术。加大环境保护资金投入，要抓住环保历史性转变的新时期，在调整结构、转变生产方式上狠下功夫。随着国家经济结构战略性调整步伐的加快，淘汰落后产能和落后工艺，着力提高资源利用效率，保护生态环境的力度将越来越大，特别是骨干建筑施工企业，必须坚持节约发展、清洁发展、安全发展。

⑤ 加强环境保护指标信息的公开化，包括按季、按月公布企业的完成情况，实行年度企业环境保护公报制度等。

（2）环境友好型建筑施工企业的建设内涵

建设环境友好型建筑施工企业的总目的是环境保护为重点，以科技进步为支撑，以落实技术标准为保证，以加强考核评价为手段，扎实做好建设领域的污染减排工作，治理环境，强化企业精细化管理，积极实施清洁生产、绿色施工，不断创新企业文化，优化工作环境和企业生存环境。以转变经济增长方式，提高施工企业的竞争优势，提升行业整体竞争能力，从而确保环境友好型社会的建设。

（3）环境友好型建筑施工企业的建设途径

① 要统筹经济、社会、环境协调发展。将经济建设和社会发展置于资源禀赋、环境容量、生态状况、人口数量等基础之上，综合考虑资源和生态环境等因素，正确处理生产经营与环境保护的关系，近期效益和企业可持续发展的关系，把建设环保型企业的理念，实施生态保护、减少排放、改善环境等融入到企业的战略规划、管理体系和日常经营活动之中，定期公布考核结果，严格责任追究。

② 加大污染防治力度，切实解决突出环境问题。加强自然生态保护，努力扭转生态恶化的趋势，加快经济结构调整，从源头上减少对环境的破坏，大力发展环境科技和环保产业，提高环境保护的水平。

③ 精细管理、精益施工，向管理要环保、向管理要效益，建立健全从总公司到子公司、处室、项目部多层级的环境保护管理网络，对生产全过程的环保实施动态监控和管理。重视对建设项目的环境影响评价，全方位推动，确保节能减排目标的实现。

④ 大力弘扬环境文化，积极倡导生态文明。建筑施工企业要努力增强经济社会发展与环境保护相协调的理念，树立"保护环境就是保护生产力，改善环境就是发展生产力，建设环境就是创造生产力"的意识，要坚持环境保护与企业发展相结合，在企业发展中同步实施环境规划、环境工程建设、环境质量的改善，将环境优化经济增长的模式、社会行为、工作制度、科技支撑和企业文化等纳入到企业的发展之中，努力促进人与自然和谐，在环境保护中优化企业经济增长。

⑤ 以环境补偿促进社会公平，以生态平衡推进社会和谐，以环境文化丰富精神文明，推动经济社会发展，在遵循自然规律和经济规律的前提下，达到经济、社会、环境三个效益的统一。

⑥ 自觉承担环境保护的法定义务。企业的环保责任是其社会责任的重要组成部分。建筑施工企业要自觉履行环境保护的法定义务。

a. 执行环境影响评价制度。企业在各种开发建设活动前，对可能造成的环境影响必须进行调查、预测和评价，提出具体防治方案，经环境保护主管部门审查批准后才能进行设计。

b. 执行"三同时"制度。对环境有影响的一切基本建设项目、技术改造项目和区域开发项目等，其中防止污染和其他公害的设施必须做到与主体工程同时设计、同时施工、同时投产。

⑦ 制定并完善环境保护绩效目标和实施方案。

⑧ 正确处理与社会及利益相关者的关系，构建环境友好的和谐社会。企业的利益相关者几乎涉及社会各个领域的个人或团体，与企业关系的差异也决定了各利益相关者所关心的企业信息是不同的。与建筑施工企业利益关系密切，且又能够充分体现企业社会责任的利益相关者有：股东与金融投资者、业主、供应商、员工、社区与政府等。

6.4.2　环境友好型建筑施工企业判定标准

采用问卷打分调查的方法，通过现场发放、电子问卷等形式，收集了数十家建筑施工企业的反馈信息。应用层次分析法从 36 项确认指标中，遴选出了 22 项适合环境友好型建筑施工企业的评价指标，并拟定了初步判定标准。环境友好型建筑施工企业的判定标准见表 6-5。

表 6-5　环境友好型建筑施工企业判定标准

序号	指标	成果考量	权重分值
1	企业环境友好建设管理体系	提供附件	3
2	激励环境友好建设的新机制	提供附件	2
3	从事环境友好建设研究与开发的人员数量（包括专职和非专职）	人/10 人	5
4	上年度获得环境保护发明专利授权的数量及获省级以上环境友好施工奖的数量	项/千万元产值	15
5	上年度万元产值废水排放量	每低于同行平均值5%	5
6	上年度万元产值可比固体废物排放量	每低于同行平均值5%	5
7	上年度万元增加值主要污染物排放总量	每低于同行平均值5%	5
8	上年度废水循环利用率	同比每提高2%	5
9	上年度使用的构件标准化比率	同比每提高2%	2
10	上年度工程施工生产的工厂化比率	同比每提高2%	3
11	上年度噪声、扬尘的量度与控制技术创新	项/千万元产值	5
12	上年度万元产值办公用车费率	同比每降低2%	3
13	上年度获得国家环境友好工程奖项数量 上年度获得省部环境友好工程奖项数量	项/千万元产值	20 10
14	上年度获省部级以上环保奖数量	项/千万元产值	5
15	上年度通过具有科技成果鉴定权机构鉴定的环保成果数量	项/千万元产值	5
16	上年度绿色施工覆盖率（绿色施工导则）	每高于同行平均值2%	5
17	上年度环境友好建设研究与试验发展经费投入率	投入额/总产值≥1%	2
18	环境管理信息系统的构建	提供附件	5
19	企业与社会及利益相关者的关系	提供附件	3

续表

序号	指标	成果考量	权重分值
20	上年度环境友好管理体制、机制的创新(扬尘控制、有害物质的隔离、测试处理、温室气体及污水排放控制、建筑垃圾处理利用等)	提供附件	5
21	环境友好绩效及下年度指标	提供附件	5
22	企业环保设施运转率	同比每提高5%	2

注:1. 表中1、2、18~21为主观项,取评委的算术平均分。其余项得分=成果数值×权重分值。

2. 总得分大于60分为环境友好型企业。

3. 75%以上的企业达到环境友好型企业的标准,可以评定为环境友好型子行业。

6.5 "三型"建筑施工企业的建设对策措施

6.5.1 建筑施工企业存在的主要问题与差距

(1) 行业层面的主要问题与差距

近年来,我国建筑施工企业取得了令人瞩目的成绩,一大批高、难、精项目彰显出建筑施工企业的总体实力。但不可否认,无论是从行业的层次,还是从企业层次来看,建筑施工企业都还存在一些不容回避的问题。

① 产业结构不尽合理。建筑施工企业没能形成一个较合理的结构体系,其主要表现如下。

a. 企业规模差距不明显。总体来说,企业平均规模偏大,大而全、中而全的企业偏多,小而专、小而精的小企业比例偏低,没有形成金字塔型的产业结构体系。并且,尽管大企业数量偏多,但具有国际工程总承包能力和强大经济技术实力的大企业较少。

b. 经营范围、经营方式和经营能力趋同。数百家具有特级承包资质的企业都参加总承包层次上的竞争,体现不出各自的目标市场和优势劣势。

② 市场规范程度较低。压级压价、拖欠工程款等问题存在,尽管国家对上述诸多问题都进行了大力防治,但统一的、开放的、体系完备的、竞争有序的建筑市场在我国尚未成熟,边干边改进现象依然存在。

③ 健康的经营环境尚待建立,在与业主正常交流时缺少话语权。有时业主单方面的不合理要求(例如工期进度要求)迫使企业很难保证施工的科学合理性,更难主动在施工过程中实现"三型"建设的目标要求。

④ 完备的信用体系尚待建立。由于我国当前还处于建设高峰时期，建筑市场发育尚不完善，市场主体缺乏信用意识。履约意识较为薄弱，加上建筑市场供求失衡等等原因，致使建筑市场信用体系建设滞后。

⑤ 建筑节能迫在眉睫。据了解，我国目前新建建筑中有 60% 左右仍属高能耗建筑，建筑能耗占全国总能耗的近三成。根据政府提出的目标，到 2025 年，我国城镇新建建筑将全面建成绿色建筑，建筑能源利用效率稳步提升，建筑用能结构逐步优化，建筑能耗和碳排放增长趋势得到有效控制，基本形成绿色、低碳、循环的建设发展方式。将该目标细化来看，到 2025 年，我国将完成既有建筑节能改造面积 3.5 亿平方米以上，建设超低能耗、近零能耗建筑 0.5 亿平方米以上，装配式建筑占城镇新建建筑的比例达到 30%，全国新增建筑太阳能光伏装机容量 0.5 亿千瓦以上，地热能建筑应用面积 1 亿平方米以上，城镇建筑可再生能源替代率达到 8%，建筑能耗中电力消费比例超过 55%。为了实现上述目标，住建部《"十四五"建筑节能与绿色建筑发展规划》（以下简称《规划》）提出了加强高品质绿色建筑建设、完善绿色建筑运行管理制度、提高新建建筑节能水平等九大重点任务。值得关注的是，在既有建筑节能改造方面，《规划》还提出，各地应结合老旧小区改造，开展建筑节能低碳改造，与小区公共环境整治、多层加装电梯、小区市政基础设施改造等统筹推进。

（2）建筑施工企业层面的问题与差距

① 管理队伍、劳动队伍庞大。大多建筑施工企业还属于劳动密集型企业，机构繁多、体制陈旧或复旧，人员冗杂，企业向管理型、技术型转型遇到很大阻力和负担。首先，很多建筑施工企业在快速发展初期，在社会导向和市场需求等因素影响下，盲目追求扩大规模，拥有不少参差不齐的二级公司。这些二级公司目前由于管理松懈，对"三型"建设不够重视，管理和运营成本偏高，反而成为集团公司转型的负担。其次，重项目、轻计划、轻管理，再加上管理人才匮乏等原因，致使企业管理水平一直处于较低状态。另外，企业制度的不健全以及工程项目点多面广，客观上增大了企业管理上的难度。

② 资源、能源耗费大，技术进步缓慢，国际竞争力不强。我国大中型建筑施工企业众多，国内市场竞争激烈，造成建筑施工市场利润率普遍较低，平均水平维持在 3%。另外，建筑施工企业自身经营模式相对落后，大多仍

推崇平板式竞争模式（量大经营、薄利多销、价格战略），管理水平又较低，更加重了施工企业的经营困难。上述状况使很多企业以生存发展为第一要务，领导层对"三型"建设缺乏足够重视，也难以在此方面投入充足资金和集中优势资源开展相关工作。

③ 关键性人才缺乏，研发能力不足。施工企业的生产特点决定个别施工企业缺乏高水平技术带头人，高级科技人才严重不足，缺少科技骨干和创新研发的带头人，更难以组织推动"三型"建设的人才队伍。其次，企业缺乏充足的创新资金投入，没有完善的技术创新激励机制。另外，施工企业内部的人力资源组织管理模式低效落后，也限制了人力资源的优化利用，导致企业缺乏"三型"建设的研发人员储备。

④ 技术信息缺乏，原始创新能力差。资金、人才的缺乏，加之施工企业由于其自身的特点，使其很难接触到行业高端技术信息和国际先进水平，限制了施工企业原始创新的能力。另外，建筑施工市场当前的竞争现状，也使行业内施工企业相对封闭，缺乏技术信息交流的平台，导致企业技术创新缺乏可利用的信息资源。

⑤ 必要的约束机制和社会激励机制尚待完善。同国际上对施工过程的规范管理比较，尤其是在资源节约、环境保护、安全管理和职业健康方面，我国企业尚待提高。技术开发人员的积极性和创造性尚待有效发挥。"三型"建设方面的激励机制和社会推动力，例如评优和奖励、企业在努力实现"三型"目标时直接获得经济利益或明显提升企业竞争力等方面尚待优化。

⑥ 自主创新观念淡薄。部分企业领导忙于经营业务，对信息化和经济全球化带来的竞争的残酷性认识不足，不自主创新就无立足之地的观念淡薄，没有从思想上将自主创新与在市场上生存和发展紧密联系起来，缺乏对技术创新的紧迫感和危机感。

⑦ 产学研脱节。科技研发资源的整合手段有待完善，科研单位在各试验阶段缺乏工程技术评价，试验研究成果的工程化目标不强，尚未形成良好的技术创新合作机制，技术成果的转化率低。另外，知识产权保护意识不强，自主知识产权产生和转移的法律法规不完善也是影响因素之一。

⑧ 资金运作和融资能力亟待加强。无论是从企业承接项目，还是从企业发展来讲，资金运作和融资能力都是建筑业成功经营的关键因素。就某个项目来说，建筑企业项目承接后往往需要投入巨大的流动资金，资金实力和融

资能力是制约企业做大的一个重要瓶颈；就企业发展来说，如果没有很强的资金实力和融资能力，将很难承接到一些对资金和融资能力要求很高、竞争相对不是很激烈、收益比较大的技术型和融资型项目。

⑨ 资源整合能力有待提高。资源整合能力对于企业核心竞争力的培育至关重要，企业能较好地整合资源，才能有效地发挥协同效应。资源不仅包括企业内部资源，也涵盖了企业可以通过各种途径获取的外部资源。对建筑企业来说，主要的外部资源有：银行及金融机构、政府、专业承包商、建材供应商、业主、行业协会、高等院校、研究机构等，与这些资源建立良好的合作关系，企业无疑将获得竞争优势，而且这些竞争优势也往往因竞争对手难以模仿而具有持久性。

上述问题在一定程度上制约了建筑施工企业的发展，制造了建筑施工企业的生存困境，制约了"三型"企业的建设与发展。是否能够有效地规避和解决这些问题，体现了企业和行业的自我认知、自我发展能力。目前，大多企业已经意识到了这些问题，并在发展战略中进行了矫正。尽管并非一一对应，但显然涵盖了问题的大部分。如果这些战略得以实施，我们将可以看到一个个更加规范、更加成熟、更加强大、更加具有国际竞争能力的建筑施工企业应运而生。

6.5.2 "三型"建筑施工企业建设的对策措施

（1）国内外大型施工企业对比与借鉴

① 企业集团形式。美、日等国的建筑施工企业都是采用以一个大型企业为核心的企业集团形式，这个核心是一个具有资金雄厚、技术开发水平高和工程承包能力强等综合优势，并且规模较大的企业，其核心企业主导该集团的决策、营销、施工与管理活动。

我国现有建筑施工企业集团内能独立承包工程的成员公司规模较小且较分散。我国建立公司制企业主要着眼于进行国有企业资产管理体制的改革和行政性公司的改组，但从建筑施工企业的经营特点来看，需要具有集约型的整体经营战略，需要具有综合性的大规模全面承包工程的能力，这些都需要由一个大型企业作为依托的核心来进行整体运作。

② 企业内部组织结构。企业内部组织结构和运行机制是关系到大型核心

企业能否充分发挥优势、抑制大企业集团所固有弊端的关键因素。美、日等国建筑施工企业都采取集约营销功能、技术开发功能、设计功能、设备管理功能等，并保证企业全体成员共同分享。美国注重企业制度的部门间相对独立，建立严格的预算制度和结算制度以及个人业绩考核制度；日本强调员工为企业而献身的精神和相互协作的精神。美、日两国建筑施工企业的总部对下属的各部门通过人事制度、经费分配、业绩考核等进行控制，并随着市场的变化不断调整企业内部的机构设置，调动各个部门和每个职工的积极性。

③ 中、美、日三家建筑施工企业业务领域的比较。以前中建、美国福陆丹尼尔、日本大成都是以建筑安装施工为主的企业，开展房地产开发、服务等多种经营。施工主业的比例三家基本相同，但施工的领域却有很大差别。前几年，中建的施工领域比较单一，绝大部分是办公商业大厦、饭店、住房、学校、客运中心等民用建筑工程，化工厂、发电厂、水利工程等工业厂房的建筑安装很少，另外也有个别修建公路、铁路、机场等土木工程，在合同总造价 1 亿元以上的工程项目的合同价中，工业建筑安装和土木工程分别占比不足 20％和 10％。近几年，状况有所改变，不够显著。

美国福陆丹尼尔的承包领域最为广泛，主要分为下面 4 个领域。

a. 工业领域。包括汽车机械加工工厂、电子工厂、食品饮料工厂、医药生物工厂、造纸工厂、通讯设备工厂、土木、矿山的施工。

b. 化工领域。包括化工塑料化纤工厂、石油化工工厂、石油管道安装等施工。

c. 动力领域。主要是发电厂的施工。

d. 政府的施工项目领域。包括环境处理、商用办公设施、监狱设施、急救中心等。

从合同额的构成分析，工业和化工领域占了 72％，而且覆盖的地区范围相当广。福陆丹尼尔的经营战略是通过内部扩张、收购兼并、项目贷款来扩大企业规模，参与更广的施工领域和地区，提高企业施工的综合能力并分散风险，这也是适应市场和竞争所带来的结果。最近几年福陆丹尼尔用于这方面的资本性投资增长很大。在这一经营战略下，目前福陆丹尼尔在美国以外的合同额已达 50％以上。

日本大成集团的业务领域较为广泛，主要由建筑施工与土木工程组成。土木工程较多，主要是道路、上下水道、港湾、机场、铁道、治山、治水、造地、铺设电线等施工，约占营业额的 23％。建筑工程中办公楼、住宅、娱乐设施、饭店、教育文化研究设施、医疗福利设施等民用建筑较多，约占营业额的 58％。工厂、发电站、仓库、流通设施等工业建筑安装比例不大，约占营业额的 14％，其他不足 2％。

(2)"三型"建筑施工企业建设的对策措施

① 把握技术创新是"三型"建设的核心。提高重视程度，加大资金投入。充分认识当前低端劳动密集型经营方式极低的利润期望空间，切实把经营重点瞄准技术含量高的项目。实现这一战略转型的关键是技术创新。资金投入是推动技术创新工作的基本条件和有效激励因素。

② 重视管理创新，建立"三型"建设的鼓励与保障机制。调整内部管理机制、尝试先进承包模式、优化内部资源规划方式，建立健全技术创新激励制度，为"三型"建设创造良好的运行平台。

③ 调整企业发展战略，把握技术创新重点，打造企业技术品牌。对于施工企业来说，技术创新包括工法创新、施工组织设计创新、施工工器具创新等，企业应当首先根据自身经验和特点，积极探索市场变化特点，找准技术创新的重点。例如现有企业的改扩建、技术改造将可能成为市场主流需要。为适应这一特点，建筑施工企业应重点注意拆除重建、模块安装、平移安装、设备更新换代、大修检修等施工工艺及其相关工器具的研究创新，紧跟市场需要，建立有自身特点的技术优势，从而提高竞争力。

④ 注重人才储备，拓宽人才利用渠道。注重专业技术带头人的培养、注重项目管理团队的锻炼、注重能适应海外市场的项目管理人员的储备和培养。另外，企业应该拓宽人才利用渠道，加强和行业协会、同行企业的沟通，拓展和科研单位、高等院校的合作渠道，实现信息共享、人才共用，利用外部资源实现本企业技术创新的目的，以尽可能小的成本为本企业注入"三型"建设必要的人力资源。

⑤ 探索技术创新合作途径，共同开发，共享成果。为了减小"三型"建设的成本，弥补施工企业技术能力的不足，探索和设计院、设备供应企业、业主单位等联合研发的途径，以较低的成本启动开发项目，双方共享研究成果，在较短时间内提高企业的施工技术、资源节约和环境保护水平。

⑥ 重视引进技术的消化吸收。对于建筑施工企业来说，当前的平均发展水平决定在技术创新过程中应首先重视引进技术的消化和吸收。应当加大资

金投入，在国内项目中重视引进国际先进施工工法、工器具，注意消化、吸收和发展，从而成为自身专有技术，进而较快形成技术竞争力。

⑦ 重视"三型"技术标准的建立，形成长效机制。在"三型"建设中注意积累经验，建立企业自身的技术标准和评价指标，从而便于在企业内部推广，形成企业长效机制。

⑧ 企业要以工程项目为对象大力开发计算机应用软件。逐步实现建筑工程投标自主报价、深度施工预算及管理、计划与统计、劳动力管理、工程质量管理、钢筋翻样及优化下料、模板配板的优化设计、文档与资料管理等通用软件，达到信息资源共享。科学控制进度，避免由于盲目赶工期而造成资源浪费。

⑨ 加强信息化建设。加大投入建立健全企业数据库，可以立即形成企业竞争能力，便于技术积累，可以为企业后期"三型"建设提供资源支持。在BIM技术、数字化、智慧化、智能化工地建设方面下大力气创新，促进资源节约、环境友好的实现。

⑩ 加大新技术推广应用力度。提高建筑科技整体水平，使科技成果迅速转化为生产力，增强企业活力，必须重视新技术、新工艺、新材料、新机具的推广工作。

（3）"三型"建筑施工企业建设的重点

① 把"三型"建设和企业文化、企业品牌建设结合起来。以"三型"建设为契机，提高企业技术水平，强化特色技术优势，加强企业在环保和资源节约方面的水平，提高企业的社会影响力，从而提高其竞争力。

② 提高建筑工业化水平。通过建筑业生产方式的变革，积极应用和发挥信息技术和机器人优势，大幅度提高劳动生产率，加快建设速度，提高经济效益和社会效益。采用先进适用的智能建造技术、工艺和装备，科学合理地组织施工，发展专业化，提高施工机械化率，减少繁重、复杂的手工劳动和湿作业；发展建筑构配件、制品、设备的生产，并形成适度的规模经营，为建筑市场提供各类建筑适用的系列化的建筑构配件和制品；不断提高建筑标准化水平，采用现代管理方法和手段，优化资源配置，实行科学的组织和管理，培育和发展技术市场和信息管理系统。

③ 处理好六大关系。即投入与产出的关系；规模与效益的关系；承揽与管理的关系；调控与搞活的关系（调控是指承揽任务上的协调，宏观政策上

的一致性，设备人力等要素的合理调配，自觉维护企业的整体利益等；搞活是指充分赋予各单位经营自主权，充分调动各方面的积极性）；项目与企业的关系；开拓进取与稳健的关系。

④ 大力推行企业组织结构调整及流程再造。积极推行工程总承包和工程项目管理模式，改进利润增长方式。

⑤ 加快管理方式的国际化。努力学习借鉴国际上先进的项目管理经验，不断提升项目管理水平的国际化程度，通过追求科学管理，真正体现"低成本竞争，高品质管理"的经营理念。

⑥ 迎接传统工业淘汰落后产能和技术改造给建筑施工企业带来的新挑战，创新施工技术、施工工艺、施工机具。

⑦ 推进新型生产方式，开展项目文化建设，形成"三位一体"的项目管理模式。"过程精品、工匠精神、企业视觉形象识别系统（CI）形象"是三个位面的具体内容。包括总包、分包单位，监理单位和项目管理层次的文明建设和工程项目的质量、安全、成本、进度和现场管理的优化。项目文化建设是对创造"文明工地"活动的升华。

⑧ 强强联手，建立企业联盟（联合体），最大限度地整合社会资源。提升总包协调和整合能力、掌握市场资源以及对分包单位的管理，是总承包企业核心竞争能力的体现。通过优势互补、长期的战略合作，并广泛利用社会资源，以承揽超高、超大、超复杂、全新型工程项目。

第7章

"三型"技术装备企业的建设

7.1 技术装备企业概述

7.1.1 技术装备企业的特点

（1）技术装备企业界定

① 技术装备企业是指为冶金、化工、水利、交通等行业提供设计、生产或者供应专用设备并负责安装的行业。

技术装备种类非常丰富，大到矿山、烧结、焦化、冶炼、压力加工等装备的供应与安装；中到起重机械、化工容器类、分离塔器类、反应器、换热器、加热炉、水泵及其动力设备、水轮发电机组及接力器等装备的供应与安装；小到防撞桶、护栏、反光护角、警示带、反光膜、斜坡板橡胶路锥、护角、防撞桶、隔离墩、水车、反光标志、橡胶柱帽、轮廓标、弹性柱等设施的供应与安装。

② 技术装备企业与建筑业的关系非常密切，并且呈现强的正相关性。技术装备企业的发展是伴随着建筑业的发展而逐步发展的。

2001 年以来，我国连续 20 年实现基本建设的快速增长，与此同时，我国技术装备企业建筑业科技进步和装备水平也得到大幅度的提升。我国大中型装备技术已处于中等工业发达国家水平，有的科技成果居世界领先水平，约有 1/2 的装备技术已达到国际先进水平。

（2）技术装备企业与我国工业化

① 技术装备企业是国家工业化建设的"发动机"，是国民经济的脊梁，各项经济指标约占全国工业比例的 1/4 强，是高新技术的载体及转化为生产力的桥梁和通道。机械装备制造业还是国家的战略产业，是实现工业化的必备条件，是衡量一个国家国际竞争力的重要标志，是决定我国在国际分工中地位的关键因素。

② 技术装备企业主导产品是国家鼓励发展的综合智能化成套设备，具有结构复杂、体积庞大、技术含量高、成套性强、制造周期长、投资大、风险高等特点。技术装备制造业基础好、规模大、知名度高、科研实力强，有一定的专业人才基础，市场覆盖面广。

③ 从某种意义上讲，我国工业的现状和水平决定于建筑业的水平，尤其是决定于设计和技术装备的水平。也就是说，工业发展中，投资的主要部分取决于建筑业尤其是技术装备企业通过具体的物化劳动变成现实生产力。这个转变的水平决定了转变以后的生产力的水平。因此，技术装备的水平同样承担着推进、引领、提升和实现我国建筑业走向世界，真正成为自主创新型、资源节约型、环境友好型的建筑行业的责任。

7.1.2 "三型"技术装备企业建设着力点

（1）依靠技术进步

技术装备企业的"三型"建设不仅重视数量的增长，更强调改变传统的生产和消费模式。经济增长必须依靠科学技术进步，改善产品质量，节约能源，减少废弃物，提高总要素生产率，走内涵式扩大再生产道路，实现清洁生产和文明消费。

（2）全过程管理

技术装备企业的技术创新是一个从创造性技术构想到新产品市场成功实现为基本特征的层次性经济活动的全过程。也就是说，技术装备企业的技术创新是一个从新产品或新工艺的设想产生到市场应用的完整过程，包括新设想的产生、研究、开发、商业化生产到产品的市场销售和转移扩散这样一系列的活动，是指企业应用创新的知识和新技术、新工艺，采用新的生产方式和经营管理模式，提高产品质量，开发生产新的产品，提供新的服务，占据市场并实现市场价值。

（3）资源整合

技术装备企业的技术创新应注重原始创新、集成创新、引进消化吸收再创新三种自主创新模式，引导企业建立完善技术创新的体制和机制。主要包括创新战略制定、文化营造、平台建设和关键技术研发、人才队伍加强等。管理创新主要是指企业运用新理念、新技术、新方法、新机制等手段，创新管理模式、服务方式，实现有效的资源整合。

7.2 技术创新型技术装备企业的建设

7.2.1 建设任务与建筑内涵

（1）技术创新型技术装备企业基础建设

① 加强研发机构建设，推进产学研合作。结合自身特点、优势、资源和发展方向，积极筹建工程技术研究中心、重点实验室、重点项目中试基地及博士后工作站等。坚持以市场为导向，项目、人才、机构一体化，整合利用高校院所的科技资源，建立完善以产学研结合为主要形式的技术创新体系。

② 加大研发投入力度。制定完善企业研究开发经费管理制度，增加研发投入，积极承担国家及行业科研任务，改善科研仪器设备及中试装置，提高研发投入占销售收入的比重。

（2）技术创新型技术装备企业重点建设

① 培养创新型人才队伍。制定完善企业创新型人才队伍建设制度。积极吸引国内外高层次创新型人才，加强管理人员科技培训、职工技能培训。

② 完善创新战略和管理制度。制定并实施企业科技创新战略、知识产权战略和自主品牌战略。瞄准国家发展目标，把控宏观调控机遇，搞好科技发展规划和重点项目策划，推动产业向高端延伸。强化专利意识，加强技术专利的获取和知识产权保护，打造自主品牌，增强市场竞争力。建立并完善企业技术标准和质量保证体系，发起或参与国家、行业技术标准的修订、制定。

③ 完善创新机制。研究制定和完善创新激励机制，推动技术要素参与分

配，对创新型人员实行积极的奖励政策，成果收益利润分成、量化配股。建设创新文化，塑造企业精神，鼓励员工技术革新、技术攻关、技术发明。

7.2.2 技术创新型技术装备企业的判定标准

（1）判定标准指标的萃取

技术创新型技术装备企业定量指标可依据科技部原创新型企业评估指标体系和申报材料进行选取。定量指标分别从总体情况、创新能力、创新投入、创新成果等方面进行评价。其中总体情况针对企业的经营情况及其在行业中的地位进行评价；创新能力对企业研发机构实力、研发团队质量和企业科技人员比例进行分析评价；创新投入主要评价企业的科技经费投入；创新成果分别从企业拥有专利数量、参与制定标准数量、参与科技项目数量、科技成果获奖水平和品牌强度进行分析。

（2）技术创新型技术装备企业定性指标选择

① 定性指标主要参考科技部创新性企业评估指标体系。通过分析参评企业提供的相关申报材料，并在剔除定量指标相关内容的基础上进行选取。

② 定性指标分别从参评企业的基础条件、创新管理、建设方案等三方面进行评估。其中参评企业的基础条件针对企业在研发设备、行业影响力、产学研结合、人才培训、创新队伍建设、单位土地使用面积产出效益等方面进行评估；创新管理主要评价企业创新激励机制、创新文化、信息化水平、质量保证体系和知识产权管理制度；建设方案则是对企业创建方案及今后的战略发展综合评价。

技术创新型技术装备企业定性评估指标体系及权重分值见表7-1。

表7-1　技术创新型技术装备企业定性评估指标体系及权重分值

序号	一级指标（权重分值）	二级指标（主要根据下列条件评分）
1	基础条件（30）	研发基础条件 在本行业中的影响力 产学研结合 创新型人才队伍能力 人才培训 单位土地使用面积产出效益
2	创新管理（30）	企业创新激励制度 企业创新文化 企业的信息化水平 质量保证体系 知识产权管理制度

续表

序号	一级指标(权重分值)	二级指标(主要根据下列条件评分)
3	企业战略(40)	加强研发能力建设目标与措施 加大研发投入力度目标与措施 培养创新型人才队伍目标与措施 推进品牌建设目标与措施 构建或强化企业知识产权制度 完善企业创新战略和管理制度等内容及保障措施

(3) 技术创新型技术装备企业判定方式

技术创新型技术装备企业采用定性与定量相结合的评估模式,具体评估程序包括以下几点。

① 定量评价。依据技术创新型企业评价定量评估指标体系及权重分值,对每个申报企业进行逐项打分,最终形成每个参评企业的定量评价分。

② 定性评估。根据企业所属技术领域,配置一定数量的该领域技术专家、管理专家和财务专家,依据技术创新型企业评估专家咨询表对每个申报企业进行判断打分,并写出相关专家意见。专家定性评估为多专家意见横向综合法和多指标纵向综合法,首先是多个评估者对同一层次指标评估信息的线性叠加的综合评估结果,然后是最高层次指标评估信息的纵向叠加结果。

③ 综合评估。综合评估是在定量评价和定性评估这两步程序后的最后评估程序。其具体操作程序如下。

根据定量及定性结果,计算出该企业的综合评估得分。按照计算公式:

综合评估分=定量评价分×70%+定性评估分×30%

在此基础上得出各参评企业的最后评估结果、意见及排序,并出具评估报告。综合得分大于60分的企业为技术创新型技术装备企业;75%以上的企业达到技术创新型企业,可以评定为技术创新型子行业。

7.3 资源节约型技术装备企业建设

7.3.1 建设任务与建设内涵

(1) 资源节约型技术装备企业建设任务

① 牢固树立以人为本的科学发展观,改变透支资源求发展的方式。按照

科学发展观的要求，技术装备企业必须把资源保护和节约放在首位，充分考虑资源承载能力，辩证地认识资源和经济发展的关系。要加大合理开发资源的力度，提高上年度余能和新型、替代型能源的开发利用比率，努力提高有效供给水平；要着力抓好节能、节材、节水工作，实现开源与节流的统一。

② 提高全员的资源忧患意识和节约意识。在全社会树立节约资源的观念，培育人人节约资源的社会风尚，营造全员节约资源的良好环境。要将节约资源提升到基本国策和企业社会责任的高度来认识，把建立资源节约型企业的目标纳入企业经济战略发展规划之中。而且要以此为依据建立综合反映经济发展、社会进步、资源利用、环境保护等体现科学发展观、政绩观的指标体系，构建"绿色经济"考核指标体系。

③ 转换经济发展的路径和模式，走中国特色的循环经济之路。从根本上解决企业在发展过程中所遇到的经济增长与资源环境之间的矛盾。通过激励约束机制，推动节约资源，倡导符合可持续发展理念的循环经济模式和绿色消费方式，实现经济社会与资源环境的协调发展，改变"高投入、高消耗、高排放、不协调、难循环、低效益"的粗放型经济增长方式，逐步建立资源节约型企业管理体系。建立以节约能源、资源为中心的资源节约型工业生产体系。通过技术进步改造传统产业和推动结构升级，尽快淘汰高能耗、高物耗、高污染的落后生产工艺，形成有利于资源持续利用和合理的环境保护格局。按照新型工业化道路的要求，在企业（行业）大力推进信息化，力争用信息技术监控和降低对能源的消耗。

（2）资源节约型技术装备企业建设内涵

① 资源节约型技术装备企业的实质。降低资源消耗强度、提高资源利用效率，减少自然资源系统进入企业生产（或制造）系统的物质流、能量流通量强度，实现企业经济发展与资源消耗的物质解耦或减量化。

② 建设资源节约型企业指标体系和评价体系。

a. 考评资源的耗用量，建设循环经济，减少资源的浪费；

b. 考评用最少的资源产生最大的社会效益，提高资源的使用效率；

c. 考评企业向用户或社会提供的产品，用最少的资源产生最大的经济效益、社会效益。

③ 建设资源节约型技术装备企业标准体系。资源节约与综合利用标准体系包括：节能、节水、节材、节地、新能源与可再生能源、矿产资源综合利

用、废旧产品及废弃物综合利用、清洁生产共 8 个标准。

7.3.2 资源节约型技术装备企业判定标准

采用问卷打分调查的方法，通过现场发放、电子问卷等形式，收集了数十家技术装备企业的反馈信息。应用层次分析法从 12 项确认指标中，遴选出了 7 项适合资源节约型技术装备企业的评价指标，并拟定了初步判定标准。

资源节约型技术装备企业评定标准见表 7-2。

表 7-2　资源节约型技术装备企业评定标准

评定项目	评定内容	评分标准	分值
管理制度	节能(节水)降耗各级管理组织、制度齐备	每项未达到,扣 1 分	0～8
	能源(水)供用的计量、记录、报告、奖惩等台账清楚完整	每项未达到,扣 1 分	0～7
	能源管理人员经过培训,持证上岗,岗位职责到位,工作开展正常	每项未达到,扣 1 分	0～5
万元产值综合能耗	万元产值综合能耗达行业平均水平以上	以上得满分,以下不得分	0～10
	万元产值综合能耗同行业排名	第一名满分,依次降一位减 1 分	0～10
	万元产值综合能耗下降率 5%	下降 10% 以上满分,每减 1 个百分点扣 1 分	0～10
每亩土地产出率	每亩土地实现销售收入在区均值以上	均值以上 50% 得满分,以下不得分	0～5
	每亩土地实现销售收入同行业中排名	第一名满分,依次降一位减 2 分	0～10
生产用水	具有取水许可证,依法取水,计量取水,按时足额缴费	达到要求满分,每一项未达到扣 1 分	0～5
	水资源重复利用率在同行业中排名	第一名满分,依次降一位减 2 分	0～5
	生产用水重复利用率与上年同期比	每提高 1 个百分点加 1 分,最高为 5 分	0～5
材料消耗	生产产品原材料、辅料损耗较低	酌情加分	0～5
清洁生产	具有排污许可证,环保达标排放	酌情加分	0～2
	通过 ISO 14000 认证	酌情加分	0～2
	通过清洁生产企业审核验收	酌情加分	0～2
	绿色企业	酌情加分	0～2

续表

评定项目	评定内容	评分标准	分值
节能降耗投入	生产工艺、设备先进,配置合理	酌情加分	0~3
	年节能降耗技改投入占销售收入百分比	0.5 个百分点加 1 分,满分为止	0~4

注:1. 总得分大于 60 分为资源节约型企业。

2. 75%以上的企业达到资源节约型企业,可以评定为资源节约型子行业。

3. 表中的酌情加分项为主观项,取评委的算术平均分。

7.4 环境友好型技术装备企业建设

7.4.1 建设任务与建设内涵

(1) 环境友好型技术装备企业建设任务

① 推进节能降耗减排技术研究。针对行业产业结构特点,重视节能降耗减排技术研究,积极推进与资源、环境相关的科研工作,尽快建立起适应资源循环利用和环境保护与治理要求的科研与技术创新开发体系。在优势产业和瓶颈产业上加大投资力度,推进节能降耗减排技术研究,加大投资力度,寻求技术突破,重点研究开发行业清洁生产技术、装备,着重技术集成创新,加强循环经济共性技术研究,站在行业发展的技术制高点。

② 增强绿色科技支撑能力。绿色科技是以保护人体健康和生态环境为核心内容的所有科技活动的总称。广义上的绿色科技指的是以保护人体健康和人类赖以生存的环境,促进经济可持续发展为核心内容的所有科技活动。绿色科技涉及能源节约,环境保护以及其他绿色能源领域以及绿色政策、法律法规、技术和管理等。其核心是能源节约、环境保护以及绿色能源等领域的开发利用。

③ 全面推行清洁生产。加快构建循环经济产业发展体系,推进循环经济建设。企业应全面实施清洁生产策略,构建企业内"小循环"。对符合国家产业发展方向的清洁生产项目立项从审批、财政、研发等方面给予充分支持,并在企业内部设立清洁生产奖。

④ 建立和完善环境效益补偿机制,将环境外部性成本纳入资源及其产品价格。逐步完善排污许可证制度、排污权交易和生态补偿等手段,将环境费用纳入生产成本,实现环境外部成本的内部化。

⑤ 构筑环境保护的企业文化氛围,加快建设生态文明。工业发展模式的

创新也需要构筑资源节约和环境保护的社会文化氛围，加快形成节约能源资源和保护生态环境的产业结构、增长方式和消费模式。

（2）环境友好型技术装备企业建设内涵

① 环境友好型技术装备企业的实质是在清洁生产、污染治理、节能降耗、资源综合利用等方面都处于国内领先水平，并全面调动了企业实施清洁生产、发展循环经济、保护环境行为的积极性。

② 环境友好型技术装备企业通过开展清洁生产，减少污染物的产生，包括清洁的能源和原料、清洁的产品、清洁的生产过程、清洁的服务和清洁的消费5个方面，明显改善环境质量与提高资源利用水平，资源消耗和环境质量指标均在行业居于先进水平，对行业发展具有重大示范作用。

③ 企业自愿继续削减污染物排放量。企业要承诺持续遵守国家环境保护法律法规，在污染物排放全面达标的基础上，与所在省级环保行政主管部门签定协议，自愿不断采取措施，减少污染物排放量。协议主要内容应当向社会公开，自觉接受公众监督自愿削减污染物排放的数量、措施和阶段目标。

④ 严控产品指标及考核。产品及其生产过程中不得含有或使用国家法律、法规、标准中禁用的物质；产品及其生产过程中不得含有或使用我国签署的国际公约中禁用的物质；产品安全、卫生和质量要求应符合国家、行业或企业相关标准的要求；在环境标志认证范围之内的产品，按照环境标志产品认证标准要求进行考核。

7.4.2　环境友好型技术装备企业的判定标准

（1）环境友好型技术装备企业环境指标释义

① 企业排放污染物全部稳定达到国家或地方规定的排放标准和污染物排放总量控制指标。

a. 指标含义。企业排放污染物包括企业排放的废气、废水、噪声、固体废物、放射性废物。

b. 考核要求。企业排放污染物达到国家或地方规定的排放标准，并且污染物排放总量指标达标率为100％。

② 企业单位产品综合能耗达到国内同行业领先水平。

a. 指标含义。企业生产1t某产品按标准煤折算的综合能源消耗（克标准煤）。

b. 考核要求。单位产品综合能耗（克标准煤/t）≤同行业领先水平。

③ 单位产品水耗达到国内同行业领先水平。

a. 指标含义。企业生产单位产品的耗水量（t）。

b. 考核要求。单位产品水耗（t/t）≤同行业领先水平。

④ 单位工业产值主要污染物排放量达到国内同行业领先水平。

a. 指标含义。主要污染物指 COD、氨氮、石油类、重金属，SO_2、烟尘、粉尘，以及行业特征污染物。

b. 考核要求：单位工业产值主要污染物排放量（t/万元）≤同行业领先水平。

⑤ 企业废物综合利用率达到国内同行业领先水平。

a. 指标含义。企业废物综合利用量指企业通过回收、加工、循环、交换等方式，从生产过程产生的"三废"（废水、废气、废渣）中提取或者使其转化为可以利用的资源、能源和其他原材料的"三废"量。

b. 考核要求。企业废物综合利用率≥同行业领先水平。

⑥ 企业建立完善的环境管理体系

a. 指标含义。企业已获得 ISO 14001 环境管理体系认证，或参照 ISO 14001 环境管理体系标准建立了完善的环境管理体系。

b. 考核要求。出具有效的 ISO 14001 环境管理体系认证证书，或提供已建立完善的环境管理体系的所有相关材料。

⑦ 企业自觉实施清洁生产，采用先进的清洁生产工艺。

a. 指标含义。企业现有生产能力、工艺和产品不属于国家明令限期淘汰目录范围之内，请符合资质要求的清洁生产审核机构和人员进行过清洁生产审核，并实施了清洁生产审核提出的所有无费、低费和中费方案，部分高费方案，取得了良好环境和经济效益。

b. 考核要求。企业提供清洁生产审核报告和清洁生产方案实施情况总结报告。

⑧ 企业新、改、扩建项目环境影响评价和"三同时"制度执行率。

a. 指标含义。企业新、改、扩建项目符合国家关于建设项目环境保护的规定，近三年内未违反国家建设项目环境影响评价和"三同时"制度，并经审批项目的环保部门验收合格。

b. 考核要求。企业新、改、扩建项目环境影响评价和"三同时"制度执行率达到100%，并经环保部门验收合格。

（2）环境友好型技术装备企业管理指标释义

① 企业环保设施运转率达到95%以上。

a. 指标含义。环保设施包括水、气、声、固体废物、电磁辐射、放射性等污染防治设施。运转率是指企业环保设施正常运转天数与环保设施应正常运转天数的百分比。

b. 考核要求。环保设施运转率达到95%以上，且运行参数符合设施运行指标要求。

② 企业固体废物和危险废物处置率。

a. 指标含义。企业固体废物和危险废物处置量指报告期内企业将不能综合利用的固体废物焚烧或者最终置于符合环境保护规定的场所并不再回取的工业固体废物量（包括当年处置往年的工业固体废物累计贮存量），以及危险废物安全填埋量。

b. 考核要求。企业产生的固体废物和列入国家危险废物名录的危险废物全部在厂内或交由获得环保部门许可的单位进行利用或安全处置。企业固体废物和危险废物处置率达到100%。

③ 厂区清洁优美。

a. 指标含义。企业厂区生产环境清洁优美。

b. 考核要求。现场考核感观优美，并检查参考指标，主厂区内绿化覆盖率达35%以上。

④ 企业排污口符合规范化整治要求，主要排污口按规定安装主要污染物在线监控装置并保证正常运行。

a. 指标含义。企业排污口按环保要求进行了规范化整治并符合要求，排污负荷大的主要排污口分别安装废水和废气污染物在线监控装置，主要监控指标为废水排放量、COD、氨氮、pH 值、废气排放量、SO_2、烟尘、粉尘等。

b. 考核要求。设立排污口规范化标志牌，安装并正常运行主要污染物在线监控设备。

⑤ 企业依法进行排污申报登记，领取排污许可证。

a. 指标含义。企业按照环保法规要求进行排污申报登记，在实施排污许可证的区域执行排污许可证制度，领取并遵守排污许可证。

b. 考核要求。出示排污申报登记有关材料和排污许可证正本，以及按许可证排污的有关台账。

⑥ 按规定缴纳排污费。

a. 指标含义。按照国家及当地政府部门的规定，按时足量缴纳排污费用。

b. 考核要求。出示原始财务发票证明及审计材料。

⑦ 企业三年内无重复环境信访案件，无环境污染事故。

a. 指标含义。企业在近三年内没有环境污染事故，及时认真处理环境信访案件，限期处理问题属实的案件，并将结果及时通报上访人。上访人满意，未发生重复信访。

b. 考核要求。出示处理结果和上访人满意的有关证明材料。

⑧ 环境管理纳入企业标准化管理工作，有健全的环境管理机构和制度；企业环境保护档案完整；各种基础数据资料齐全，有企业定期自行监测或委托监测的监测数据。

a. 指标含义。企业内部环境管理规范，有环境管理机构和人员，环境管理制度健全完善。企业有近三年的完整环境保护档案和各种环境基础数据资料。按照环境监测规范，对排放污染物进行日常监测，有监测数据。

b. 考核要求。出示有关的资料或证明材料。

⑨ 企业周围居民和企业员工对企业环保工作满意率。

a. 指标含义。企业周围居民和企业员工对企业的生产和生活环境是否满意。

b. 考核要求。达90％以上。

⑩ 企业自愿继续削减污染物排放量。

a. 指标含义。积极践行"双碳"方针，按照国家及地方政府主管部门的要求，主动规划污染物排放量减量方案。

b. 考核要求。提供减排计划及实施报告。

（3）环境友好型技术装备企业判定标准

采用问卷打分调查的方法，通过现场发放、电子问卷等形式，收集了数十家技术装备企业的反馈信息。应用层次分析法从28项确认指标中，遴选出了22项适合环境友好型技术装备企业的评价指标，并拟定了初步判定标准。环境友好型技术装备企业评定标准见表7-3。

表 7-3　环境友好型技术装备企业评定标准

权重指标项	指标子项	分值
环境指标 （30）	企业排放各类污染物稳定达到国家或地方规定的排放标准和污染物排放总量控制指标	0～2
	企业单位产品综合能耗达到国内同行业领先水平	0～3
	企业单位产品水耗达到国内同行业领先水平	0～3
	单位工业产值主要污染物排放量达到国内同行业领先水平	0～5
	废物综合利用率达到国内同行业领先水平	0～5
	企业建立完善的环境管理体系	0～5
	自觉实施清洁生产,采用先进的清洁生产工艺	0～2
	新、改、扩建项目环境影响评价和"三同时"制度执行率达到100%,并经环保部门验收合格	0～5
管理指标 （40）	环保设施稳定运转率达到95%以上	0～5
	工业固体废物和危险废物安全处置率均达到100%	0～5
	厂区清洁优美,厂区绿化覆盖率达到35%以上	0～5
	排污口符合规范化整治要求,主要排污口按规定安装主要污染物在线监控装置并保证正常运行	0～5
	依法进行排污申报登记,领取排污许可证	0～2
	按规定缴纳排污费	0～2
	三年内无重复环境信访案件,无环境污染事故	0～5
	环境管理纳入企业标准化管理工作,有健全的环境管理机构和制度;企业环境保护档案完整;各种基础数据资料齐全,有企业定期自行监测或委托监测的监测数据	0～3
	周围居民和企业员工对企业环保工作满意率达到90%以上	0～3
	企业自愿继续削减污染物排放量	0～5
产品指标 （30）	产品及其生产过程中不得含有或使用国家法律、法规、标准中禁用的物质	0～10
	产品及其生产过程中不得含有或使用我国签署的国际公约中禁用的物质	0～5
	产品安全、节能、环保和质量应符合国家、行业或企业相关标准的要求	0～10
	在环境标志认证范围之内的产品,按照环境标志产品认证标准要求进行考核,已经获得环境标志的产品不再考核	0～5

注：1. 总得分大于 60 分为环境友好型企业。

2.75%以上的企业达到环境友好企业标准,可以评定为环境友好型子行业。

7.5 "三型"技术装备企业建设问题与对策

7.5.1 技术装备企业的主要问题与差距

研究表明，目前国产技术装备企业的自主创新能力尚有欠缺，国产化装备的技术水平进步较慢。专家认为，技术装备企业经过 70 多年的建设与发展，已经形成了比较完整的设备、装备制造体系和安装能力，但与先进企业相比仍存在着问题和差距。

（1）行业层面的问题

① 业主的保护阻力。不少用户在引进设备和工艺生产控制技术之后，为保证自身生产和近期利益，未能及时消化其技术，不能及时总结和掌握其技术并推广应用。有的企业甚至排斥国内开发的技术装备新产品，使国产技术装备得不到及时推广应用，严重阻碍自主创新产品的研发进程。

② 技术装备企业结构松散，集成能力较弱。从事技术装备的企业来自不同领域，相互之间纵向联系少、横向结合力弱，未能形成资源共享、优势互补的"三型"建设团队力量，影响了技术创新能力的提升。

③ 用户对装备国产化支持不够，自主创新首台（套）产品推广使用困难大。

④ 各企业之间的合作，以及企业与业主、高校和科研机构之间的合作研究开展不够，在优势互补方面有待进一步提高。

（2）企业自身的问题

① 自主创新能力不强，原创技术少；产业集中度低，缺乏具有国际竞争力的大型跨国企业集团；对引进技术的消化吸收和再创新重视不够；对外资并购缺乏有效应对手段。

② 产品质量与先进企业相比有较大差距。

a. 第一次大修期。国外先进产品在 7000h 以上，国内大部分产品在 2000h 左右。

b. 露天设备可利用率。国外先进产品为 97％，国内大部分产品为 85％左右。

c. 主要零部件使用寿命。一般大型减速器国外先进产品约在 20 年左右，国内大部分产品为 10 年左右。

（3）技术装备企业的主要差距

① 现代设计水平不高。科技创新与国际水平差距较大，技术装备设计顶尖人才缺乏，在成套设备、工艺流程、高端设备方面甚至有诸多空白；高精技术装备国内研制尚不能满足国内工业发展要求。如冶金工业的大型超高功率电炉、大型热连轧机、大型冷连轧机、薄板坯连铸连轧、连续镀锌、涂塑机组、不锈钢冷轧机和硅钢片冷轧机等，其技术引进的比率还较高。

② 三电设备水平与先进产品尚有差距。目前的国产现代技术成套设备，其三电设备的进口比率也较高。

③ 新产品研究开发不足。

④ 在环保、市政、化工、水电等领域还缺乏足够的市场占有率和竞争优势；创新型人才引进培养机制还有待于进一步成熟和完善；企业间在知识产权基础上的技术创新成果共享程度不高。

⑤ 缺乏对企业在技术创新、资源节约、环境友好所做工作和取得成果进行评价的内外部评估机制。

7.5.2 "三型"技术装备企业建设对策措施

（1）先进技术装备企业的经验与借鉴

① 先进技术装备在 20 世纪 60 年代和 70 年代是以大型、高速连续、自动化为主要方向，80 年代和 90 年代以高速化、连续化和自动化的发展更加迅速、全面为标的，对改善产品性能、降低能耗、提高效率有重大的促进作用。进入 21 世纪，以 AI、数字化为标的。

② 主要技术装备在产品长寿（如在线维修）、节能（加喷、余热、余气利用）及环保等技术装备优化上不断发展。

③ 在关于生产各个工序的设备在线监测、诊断和故障预报、设备管理系统及计算机辅助设备、制造、施工等方面，微电子和纳米技术为基础的产品生产智能化控制技术与装备将全面迅速地得到应用，实现技术装备全面的升级换代，推动工业生产实现跨越式发展。

（2）"三型"技术装备企业建设对策措施

① 构建企业"技术创新、资源节约、环境友好"建设相应的管理体系，确保"三型"建设工作的长效性和有效性。

② 建立企业资源节约激励机制。

③ 加强研发机构建设，推进产学研合作。

a. 发挥高校人才培养"主力军"作用，精准对标关键领域技术需求，整合创新要素，优化学科设置，培养更多一流科技人才。

b. 深化"智改数转"，以数字技术驱动智能化发展。

c. 创建"数字孪生＋""人工智能＋""大数据＋"等智能场景，建设智能车间、智能工厂，打造数据互联互通、信息可信交互、生产深度协同、资源柔性配置的智慧供应链。

④ 以现有的机械装备产品配套为依托，把握高端装备发展前沿趋势，主攻产业链和价值链高能级、高技术含量环节，提升高端装备设计、研发、制造与系统集成水平，打造若干达到世界前沿水平的高端装备优势产业集群。

⑤ 落实新发展理念和高质量发展要求，以"高端引领、数字驱动"为主线，坚持技术升级与市场需求相互促进、创新资源和产业链条深度融合，增强高端装备自主可控能力、基础配套能力、软硬一体能力、服务增值能力与智能制造能力，加快产业数字化转型与绿色化发展，提升高端装备质量效益与核心竞争力，为打造国内大循环中心节点、国内和国际双循环战略链接、落实制造强国战略提供重要支撑。

⑥ 以"高端化"为路径导向，走绿色化、智能化发展之路。

a. 发挥龙头企业"火车头"作用，以企业需求为牵引，推动产业链、创新链与人才链、教育链深度融合，共建未来技术学院、现代产业学院和技术转移转化平台等。

b. 发挥评价激励"指挥棒"作用，建立健全符合科研人才岗位特点的评价激励体系。

c. 串联和完善各种"碎片化"绿色低碳转型举措，拓展深度降碳的空间和效果。

⑦ 数字驱动，融合发展。以"数字化"为核心动力，全面推进产业数字化转型，深化新一代信息技术与高端装备融合发展，建设智能制造标杆工厂，实现装备数字化与生产数字化。

⑧ 把控源头。研制绿色装备的关键在源头，在设备设计时就应当考虑使研发的技术装备在制造、使用，以及产品在报废后的处置或回收利用时，消耗的能源与资源最小化，对环境的污染最小化。

第 8 章

"三型"工程监理企业的建设

8.1 工程监理企业概述

8.1.1 工程监理企业的特征

（1）工程监理企业的属性

国际上，工程监理企业属于咨询业，是高智能型服务业，尽管是独立法人型企业，但与一般的生产型企业大不相同。其业务是工程管理服务，是涉及多学科、多专业的技术、经济、管理等知识的系统工程，执业资格条件要求较高。因此，监理工作需要一专多能的复合型人才来承担。监理工程师不仅要有理论知识，熟悉设计、施工、管理，还要有组织、协调能力，更重要的是应掌握并应用合同、经济、法律知识，具有复合型的知识结构。

（2）工程监理企业的特点

工程监理是利用专业技术、管理知识以及有关的法律法规和工程项目建设文件，受业主的委托为其提供专业化的监督管理。对建设项目实施监理是国际上通行的做法。从工作性质、工作内容和工作地点来看，工程监理企业有其独特的行业特点。

① 监理工作具有服务性、科学性、独立性、公正性。

② 组织构成及产品。从组织构成来看，一般为扁平式、矩阵式或宝塔式等组织结构模式，从产品来看就是智能服务，是一种服务过程而没有实物形态的产品。

③ 资本结构。一般固定资产相对较少，所拥有的主要是人力资本。各类专业技术人员、管理人员是企业的主要人力资本。

④ 工作地点。监理人员作业分散，地域广阔，哪里有建设项目，哪里就是监理人员的工作场所。流动性、分散性、相对封闭性是其主要特点。

⑤ 工程监理企业的工作既有企业行为，又承担政府的监督职责。

⑥ 工程监理属于强制推行的制度。

8.1.2 我国工程监理企业现状

（1）规模分析

2020 年，工程监理企业全年营业收入 7178.16 亿元，与 2019 年相比增长 19.75%。其中工程监理收入 1590.76 亿元，与 2019 年相比增长 7.04%；工程勘察设计、工程招标代理、工程造价咨询、工程项目管理与咨询服务、工程施工及其他业务收入 5587.4 亿元，与 2019 年相比增长 23.93%。其中 40 个企业工程监理收入突破 3 亿元，85 个企业工程监理收入超过 2 亿元，270 个企业工程监理收入超过 1 亿元，工程监理收入过亿元的企业个数与 2019 年相比增长 7.57%。2020 年，工程监理企业承揽合同额 9951.73 亿元，与 2019 年相比增长 17.07%。其中工程监理合同额 2166.02 亿元，与 2019 年相比增长 8.98%；工程勘察设计、工程招标代理、工程造价咨询、工程项目管理与咨询服务、工程施工及其他业务合同额 7785.71 亿元，与 2019 年相比增长 19.53%。

（2）结构分析

① 业务结构。2020 年，工程监理收入占总营业收入的 22.16%。工程监理合同额占总业务量的 21.77%。工程监理企业全年营业收入、企业承揽合同额中，工程监理业务均占两成，低于 2018 年（30.68%、32.48%）及 2019 年（24.79%、23.38%）的相应占比。

② 企业结构。截至 2020 年，全国共有 9900 个建设工程监理企业参加了统计，与 2019 年相比增长 16.9%。其中，综合资质企业 246 个，增长

17.14％；甲级资质企业 4036 个，增长 7.34％；乙级资质企业 4542 个，增长 27.44％；丙级资质企业 1074 个，增长 15.11％；事务所资质企业 2 个，无增减。

2021 年，全国共有 12407 个建设工程监理企业参加了统计，与 2020 年相比增长 25.32％。其中，综合资质企业 283 个，增长 15.04％；甲级资质企业 4874 个，增长 20.76％；乙级资质企业 5915 个，增长 30.23％；丙级资质企业 1334 个，增长 24.21％；事务所资质企业 1 个，减少 50％。

③ 人员结构。截至 2020 年，工程监理企业年末从业人员 1393595 人，与 2019 年相比增长 7.55％。其中，正式聘用人员 963975 人，占年末从业人员总数的 69.17％；临时聘用人员 429620 人，占年末从业人员总数的 30.83％；工程监理从业人员为 838006 人，占年末从业总数的 60.13％。

8.1.3 "三型"工程监理企业的特征

(1) 技术创新型工程监理企业的特征

① 在服务中较多地采用新技术。对服务来说，过程就是产品。采用新技术为客户增值的服务过程，本身就是创新。

② 企业文化创新占据重要地位。企业文化创新是指为了使企业的发展与环境相匹配，根据本身的性质和特点形成体现企业共同价值观的企业文化，并不断创新和发展的活动过程。企业文化创新的实质在于企业文化建设中突破与企业经营管理实际脱节的僵化的文化理念和观点的束缚，实现向贯穿于全部创新过程的新型经营管理方式的转变。工程监理企业既服务于业主的建设项目，又代表业主监管承包商，企业文化的精髓在这里得到集中体现和彰显。面对日益深化、日益激烈的国内外市场竞争环境，工程监理企业的企业文化创新应成为全企业创新的主流。

③ 战略创新成为企业创新的灵魂和核心。战略管理关乎企业的发展方向，面对建筑业的新形势、信息技术的迅速发展和知识经济兴起所带来的外部环境深刻而巨大的变化，建筑企业必须在战略创新方面下功夫。战略的制订和实施要立足行业、走出行业、着眼于全球竞争。

④ 人力资本（资源）管理创新取得显著成效。人力资源决定了监理公司的市场竞争力，加强监理队伍人才的建设是监理企业的重要任务。某种意义

上说，工程监理企业人力资源的重要性超过行业内任何其他性质的企业。其创新的内容也主要包括人力资源管理理念的创新、人力资源管理体制的创新、人力资源激励机制的创新、人力资源培训制度的创新、人力资源管理组织的创新、人力资源管理技术的创新、不断加强职业道德建设与作风建设。

⑤ 管理观念的创新别具特色。管理观念是企业从事经营管理活动的指导思想，体现为企业的思维方式，是企业进行管理创新的灵魂。工程监理企业管理者应打破现有的心智模式的束缚，有针对性地进行系统思维、逆向思维、开放式和发散式思维的训练，并通过综合现有的知识、管理技术等，改进和突破原有的管理理论和方法。

⑥ 服务创新成为服务理念的一个重要方面。建设项目客户的需要和期望是不断变化的，要坚持顾客导向，就要不断地进行服务创新，以新的服务适应顾客新的需要和期望。服务创新的关键是新的服务及其标准的设计和定位。全新型服务创新是指在服务内容和方式上创造新的与原有服务完全不同的服务。主要包括全新型服务创新、替代型服务创新、局部革新、形象再造、改型变异、外部引入等方面。工程监理企业的服务创新需要跨学科的交流和合作，是一种技术创新、业务模式创新、社会组织创新和需求、用户创新的综合。最有意义的服务创新来自对服务对象的深入了解。

⑦ 解决方案不断创新。解决方案指的是为解决客户问题而对产品、服务和信息进行的定制化组合。工程监理企业能充分发挥人力资源优势，不断优化客户问题的解决方案。重视合作创新，重视科研成果转化。

⑧ 具有较强的信息管理及其创新能力。与甲方管理部门一样，信息管理水平体现着现代建设项目管理水平，信息管理创新能力是技术创新型的重要标志。主要体现在：建立高效、便捷的工程监理监管网络信息系统，实现监理企业和监理从业人员岗位登记管理、人员流动和执业登记管理、项目监理人员上岗联网登记管理、工程监理企业行为和监理人员个人执业行为管理等全部纳入网络化监管系统。

(2) 资源节约型工程监理企业的特征

① 能全面执行和落实业主方的资源节约规划。有扎实可行的落实资源节约规划的措施，配有推动建设项目资源节约规划实施的保障措施，根据自己的职能和能力，在建设项目的监理过程中向业主、承包商建议或推行适宜的资源节约方案。

② 坚持资源开发与节约并重，把节约放在首位的方针。在工程监理中，以提高资源利用效率为核心，向业主和承包商推行节能、节水、节材、节地、资源综合利用理念，以资源节约的体制机制、管理制度和企业文化为保障，倡导集约型、节约型的建设模式，努力提高工程监理的工作质量，减少或杜绝工程返工。

③ 高度重视信息工作，建立资源节约型社会信息交换平台。能源综合利用技术的获得、企业与企业之间的技术链接、资源的整合，这一切都能借助发达的信息网络来实现。

（3）环境友好型工程监理企业的特征

① 树立建设环境友好型企业的伦理价值观念。企业内形成一种整体性思维方式，将有利于环境的经济发展模式、企业行为、管理制度、科技支撑和文化纳入有机统一的科学发展框架下。宣传我国传统文化中优秀的环境伦理观，反对不符合国情、大肆铺张浪费的思想观念，使人与自然和谐的原则渗透到全员和全过程的工程建设监理工作之中。

② 建立健全有利于环境保护的决策体系，向新的企业发展阶段转型。特别是应建立企业环境友好政绩考核制度、战略环境影响评价制度和公众参与制度。

③ 建立以循环经济为重要特征的建设监理模式。按照"减量化，再利用，资源化"的原则，在建设监理过程中推动和实行清洁生产，制约落后生产工艺，努力实现废物的循环利用，实行环境标识、环境认证和制度，完善本企业以及督促承包商建立再生资源回收利用体系。引导和推动承包商的绿色施工。

④ 积极倡导环境友好的采购方式，倡导绿色采购。通过监督承包商环境友好的采购选择，带动环境友好产品和服务的生产、销售。通过促进生产技术与工艺的改进，不断降低环境友好产品的成本，形成绿色采购与绿色生产之间的良性互动。

⑤ 大力发展和应用环境友好的科学技术。推广和应用环境友好的科学技术，使本企业和被监理企业形成资源消耗少、资源和能源利用效率高、废弃物排放少的生产体系。

⑥ 以生态文明为导向，使企业在经济、科技、管理、制度以及文化等领域建立起一种追求人与自然、人与人之间和谐的对环境友好的价值观和道德

观，并以生态规律来改进建设项目的实施方式。

8.2 "三型"工程监理企业判定标准

8.2.1 技术创新型工程监理企业判定标准

采用问卷打分调查的方法，通过现场发放、电子问卷等形式，收集了数十家工程监理企业的反馈信息。应用层次分析法从 30 项确认指标中，遴选出了 19 项适合监理公司的技术创新型企业评价指标，并拟定了初步判定标准。技术创新型工程监理企业的判定标准见表 8-1。

表 8-1　技术创新型工程监理企业的判定标准

序号	指标	成果考量	权重分值
1	企业技术创新管理体系建设	提供附件	0～5
2	企业激励创新的新机制	提供附件	0～3
3	上年度获得发明专利授权或引用专利的数量	项/百万元产值	10
4	上年度推广应用"三新"或建议和革新的数量	项/百万元产值	5
5	上年度获得政府或社会技术创新资助的力度	1/10 产值	2
6	上年度主、参编的标准、规范、手册的数量	项	10
7	上年度业务范围增项或开发新市场的数量	项/百万元产值	3
8	上年度开发应用的软件数量	项/百万元产值	10
9	上年度研发并应用的管理创新成果数量	项/百万元产值	3
10	上年度技术创新成果数量或拉动技术创新的数量	项/百万元产值	3
11	上年度获得省部级及以上科技奖数量	项/百万元产值	10
12	上年度科研成果数量	项/百万元产值	2
13	上年度研究与开发经费投入率	3%，每增 1%	1
14	上年度创新成果总效益率	≥102%	2
15	上年度获省部级及以上工程创新奖的数量	项/百万元产值	15
16	上年度发表的论文数量	篇/10 人	1
17	企业文化创新及人力资源管理创新	提供附件	0～3
18	企业自主品牌建设	提供附件	0～5
19	企业诚信建设	提供附件	0～5

注：1. 表中"三新"指新技术、新工艺、新材料。

2. 表中 1，2，17，18 为主观项，取评委的算术平均分。其余项得分＝指标量化值×权重分值。

3. 总得分大于 60 分为技术创新型企业。

4.75% 以上的企业达到技术创新型企业标准，可以评定为技术创新型子行业。

8.2.2 资源节约型工程监理企业判定标准

采用问卷打分调查的方法，通过现场发放、电子问卷等形式，收集了数十家工程监理企业的反馈信息。应用层次分析法从 26 项确认指标中，遴选出了 15 项适合监理公司的资源节约型企业评价指标，并拟定了初步判定标准。资源节约型工程监理企业的判定标准见表 8-2。

表 8-2　资源节约型工程监理企业的判定标准

序号	指标	成果考量	权重分值
1	资源节约管理体系建设	提供附件	0～5
2	激励资源节约的新机制	提供附件	0～3
3	资源节约研发团队强度	人/10 人	2
4	上年度获得资源节约发明专利授权的数量	项/百万元产值	15
5	上年度获省级及以上资源节约工程奖数量	项/百万元产值	15
6	上年度每万元产值全员可比会务费节约率	同比每降低 5%	2
7	上年度每万元产值综合能耗降低率	同比每降低 1%	1
8	上年度万元产值办公费用节约率	同比每降低 2%	1
9	上年度万元产值管理费用降低率	同比每降低 3%	1
10	上年度获省部级及以上节约单项奖数量	项/百万元产值	15
11	上年度资源节约科技成果数量	项/百万元产值	10
12	上年度资源节约研究与开发经费投入率	3%，每增 1%	5
13	上年度资源节约管理体制、机制的创新	提供附件	0～5
14	资源节约绩效及下年度指标	提供附件	0～5
15	部门资源节约信息化建设	提供附件	0～5

注：1. 总得分大于 60 分为资源节约型企业。

2. 75% 以上的企业达到资源节约型企业，可以评定为资源节约型子行业。

资源节约型工程监理企业的判定标准中既有定量指标，又有定性指标。关键指标解析将在本书第 9 章中阐明。

8.2.3 环境友好型工程监理企业判定标准

采用问卷打分调查的方法，通过现场发放、电子问卷等形式，收集了数十家工程监理企业的反馈信息。应用层次分析法从 28 项确认指标中，遴选出了 15 项适合监理公司的环境友好型企业评价指标，并拟定了初步判定标准。环境友好型工程监理企业的判定标准见表 8-3。

表 8-3   环境友好型工程监理企业的判定标准

序号	指标	成果考量	权重分值
1	企业环境友好建设管理体系	提供附件	0~5
2	激励环境友好建设的新机制	提供附件	0~2
3	从事环境友好研究与开发的团队强度	人/10 人	3
4	上年度获得环境保护发明专利授权或引用相关专利的数量	项/百万元产值	15
5	上年度百万元投资规模用车费减少率	同比每降低 1%	5
6	上年度获省部级及以上环保单项奖数量	项/百万元产值	15
7	上年度获省部级以上环保工程奖数量	项/百万元投资	15
8	上年度环保科技成果数量	项/百万元产值	10
9	上年度绿色施工覆盖率	每高于平均值 1 个百分点	5
10	上年度环境友好研发经费投入率	3%,每增 1%	5
11	环境管理信息系统的构建	提供附件	0~5
12	上年度主要污染物排放控制实效	提供附件	0~5
13	企业与社会及利益相关者的关系	提供附件	0~3
14	上年度环境友好管理体制、机制的创新	提供附件	0~3
15	环境友好绩效及下年度计划指标	提供附件	0~4

注：1. 总得分大于 60 分为环境友好型企业。

2. 75% 以上的企业达到环境友好型企业,可以评定为环境友好型子行业。

8.3   "三型"工程监理企业的建设对策措施

8.3.1   国内监理的普遍问题与影响因素

（1）存在的普遍问题

① 监理企业过多、规模过小、竞争较激烈。我国目前的大多数建设监理业务集中于工程施工阶段,主要受委托进行质量管理,几乎成为业主所聘用的质检员。监理单位不能根据工程建设阶段的不同、环境的不同、技术的不同等实际施工差异提出有建设创意或做出更符合全局的安排,为业主节约投资、减少损失,没有显示出作为知识密集型咨询服务行业的特色。

建设监理队伍迅速扩大,截至 2020 年,全国有资质的监理企业约 1 万家,大多数监理企业的服务没有差异化,成本竞争似乎成为必然之选。民间资本投资建设领域的工程,极少出于自愿聘请监理单位。上述原因导致监理企业经营业务单一,管理方法单一,技术含量不高,其行业企业发展受到限制。

② 项目监理招投标方法不完善。监理属于咨询业的范畴，是一种专业性很强的智力服务，价格不是选择监理企业的根本性因素。监理招投标中恶性压价等不良行为的存在，妨碍了监理行业的健康发展。过度竞争带来监理企业利润低下，监理人员待遇偏低，而监理本身要求高智能人力资源，需要高薪留人，这是难以调和的矛盾。从而造成了监理人员流动性大，"能人"不多。其结果是高智能的监理队伍在现场奔波。这种不良的循环导致许多监理企业的经营状况只能维持简单再生产，而没有积累支持其发展。

③ 专业结构不尽合理。大多工程监理企业的监理工程师专业结构不合理，工民建专业多，其他专业少，交通、水利、电力、通讯等基础性行业的监理力量薄弱，监理人才的培养又远不能满足实际需求，致使企业拓展业务困难。

④ 业主态度对建设监理的影响。诸多业主对于建设监理的职能认识模糊，有的业主认为监理是强制行为，只对工程进行监管而不能给业主带来经济效益，却还要支付一定的费用增加投资，是一种浪费。还有的业主认为花钱聘监理是雇用与被雇用的关系，监理人员应该完全按照业主的意愿和要求去开展工作。这显然与国家有关法律、法规及通知精神相违背。理论上，业主与监理单位是委托与被委托的关系，互不隶属。

⑤ "大业主，小监理"现象普遍。许多业主往往将监理单位派驻现场的项目监理机构视为其属下的一个工程部门或质检安全部门，"大业主，小监理"的局面没有根本改观，因此监理工作处处受制于业主，不能独立开展工作。还有的业主认为既然有了监理，现场的任何问题都是监理的责任，施工单位反而相安无事。甚至有的业主不通过监理工程师就直接给承包商下达命令，施工单位不得不服从，这就造成不必要的纠纷和误解。这些惯性思维和理念，看不到监理所作的贡献，不能正确地看待监理的地位，逐渐造成了社会对监理声誉的贬低。部分业主认为，只要是委托了监理的工程，就不应该出问题。工程一旦出问题，就将责任归咎于监理人员。个别业主甚至明言：监理单位是请来负责任的。一旦工程质量、安全出了问题，业主往往归责于监理单位，其结果是监理工程师责任大、授权小、待遇低，地位尴尬。事实上，工程质量是施工单位干出来的，而不是监理单位"监"或"检"出来的。

⑥ 施工单位对监理的影响。部分施工单位认为监理人员的主要职责就是

检查施工现场的工程质量，而对施工单位的其他工作和事情则无权干涉。甚至认为监理就是传统意义上的"监工"，应该整天呆在现场，把主要精力放在按照规范和设计图纸保证具体的施工操作质量上。事实上，旁站监督和检查只是施工监理工作中的一种重要方法和手段，而不是监理的全部工作。

⑦ 信任机制缺乏。建设单位与监理公司的配合上存在着"两张皮"的问题。有的业主认为，自己的工程技术人员管理施工现场已经实施了质量监理，请监理公司是多此一举；有的业主认为，已经缴纳质监费，建设工程质量由质监站说了算，无需请监理公司；有的业主认为，承建单位不可能听监理公司的，如处理不好，监理公司还会与承建单位联合起来，导致建设单位的利益受损。因此业主不授权、不信任，监理人员很难以独立、客观、公正、科学的态度和方法去处理在工程建设过程中所发生的各类问题。

⑧ 环境友好意识普遍欠缺。工程环境监理的效果在很大程度上取决于业主对环境保护的重视程度，有些业主法律意识淡薄，或对监理程序不熟悉，使得在工程建设过程中存在一些"挥手工程""政绩工程"等。在设计阶段，工程设计方案本身没有真正落实环评文件及批复的环保措施；在施工阶段，部分施工人员的环境保护意识薄弱，"重质量、赶进度、轻环保"的思想比较严重，甚至个别施工人员对开展环境监理有抵触情绪，经常和环境监理人员发生冲突，致使主要环境指标如水污染、噪声及振动污染、施工粉尘、垃圾等控制困难。

⑨ 资源节约意识不强。就监理企业的业务特性而言，除了监督业主和施工单位的建筑材料是否符合国家"节能减排"的政策要求外，相对来说，监理企业自身在这方面的表现主要在于企业的耗能、日常办公等方面，一些监理企业认为这点资源节约有限，未引起重视。

⑩ 技术创新力不足。

a. 监理企业没有技术更新压力，"服务即产品"的传统意识制约了企业创新的理念。

b. 过度的旁站占用了大量时间，且固化了工程监理人员思维。

c. 低利润限制了企业创新投入。

上述监理行业普遍存在的问题，对工程监理企业的"三型"建设和行业内外的可持续发展都有一定的影响。

（2）"三型"工程监理企业建设的影响因素

① 影响工程监理企业"三型"建设的主要原因有：企业与企业决策层的意识；企业与企业"三型"建设能力；企业投入的多少；企业与企业的"三型"建设管理、激励制度；企业与企业的"三型"建设文化、氛围；相关创新信息的获取的难易。

② 影响企业与高校或科研机构合作创新的因素主要在于：对成果的市场前景把握不准；合作模式运作困难；成果较难在建设实施中实现；缺乏有关信息。

③ 企业经济因素对"三型"建设活动的制约是：创新资金来源不畅；"三型"建设成本太高、回报率太低；"三型"建设费用难以摊销。

④ 人力资源的影响。工程监理企业总体利润率偏低，监理工程师岗位旁站比例加大，劳动密集型凸显，而工资待遇偏低，"能人"留不住，非"能人"不想要，这对于以技术创新为主的"三型"建设、人力资源管理、文化建设、团队建设以及"三型"建设成果的扩大、持续改进等方面极为不利。

8.3.2 "三型"工程监理企业建设的对策措施

在调研过程中，各工程监理企业部门的领导、专家对进一步深化"三型"建设和企业发展提出了许多建设性的意见和建议。根据专家的意见和建议，结合行业的引导和思考，对工程监理企业推进"三型"建设提出如下对策措施。

（1）建设对策

① 进一步构建和完善企业"三型"建设管理体系，包括技术创新管理体系、资源节约管理体系和环境友好管理体系，确保"三型"建设工作的常效性和有效性。

② 建立和完善企业"三型"建设激励机制。充分调动和发挥全体员工"三型"建设的积极性、实效性。

③ 以本企业工程技术部门和行业内设计企业为主体，建立自主技术创新平台。有条件的大中型工程监理企业可实行科研、设计、生产一体化的"三型"建设技术开发体系，强调研发思路的前瞻性，做到理论研究与工程技术开发相结合、工程开发与成果转化相结合，使技术创新始终围绕实现"三

型"建设的目标，不断研发出具有自主知识产权、符合"三型"建设目标和业主需要的具有新形式、新结构、新内容、新技术、新工艺、新设备的监理项目。

④ 以科研机构、高校为主体，与本企业工程技术部门或与其他设计企业结合，发挥设计人员在中试和工业化阶段的作用，参与解决工程项目建设和管理过程中的工艺放大、设备材质选用、治理环境污染、节能节水降耗等一系列技术、经济和环保等"三型"建设问题。

⑤ 不断创新具有时代特征的项目建设理念。紧紧围绕贯彻落实创新、协调、绿色、开放、共享的新发展理念，充分认识我国人口资源环境特点和所处的发展阶段等基本国情，把握科技进步的趋势，不断吸收先进的项目管理思想和技术成果，在建设项目工程监理中坚持以人为本，以满足企业生产、发展需要为基本出发点，坚持遵循适用、经济、在可能条件下注意美观的原则，确保工程全寿命使用周期内的可靠与安全，注重投资效益、资源节约、土地利用和环境保护，营造良好的人居环境和生产条件。

⑥ 以企业和本部门为主导，建立"三型"建设研发平台。在科学技术转为生产技术并投入生产的过程中，以监理企业为主导来实现科技活动与经济活动的有机结合，可使"学、研"以市场需求为选题方向，确保其科研立项有更强的针对性和目的性。研发平台各方根据自己的优势进行合作与互补，既能共同获得合作所带来的经济效益，也能分担合作失败所带来的风险，从总体上可依托平台建设，有效分散科技投入的风险。

⑦ 进一步完善技术进步政策。工程监理企业应增强社会责任，严格执行重点行业的环保标准、安全标准、能耗水耗标准和产品技术、质量标准，积极采用节能、节地、节水、节材和保护环境的技术措施。加快研发、推广和引用能够促进行业结构升级和可持续发展的共性技术、关键技术，积极参与或引领行业技术标准的编制和更新。加大对"三型"建设中的专有技术、文件、方案等知识产权的保护力度。

（2）建设措施

① 加强工程监理管理人才的培养，培育高素质管理人才队伍。树立人才是"三型"建设第一资源的指导思想，形成"尊重知识、尊重人才、尊重劳动、尊重创新"的风尚，建筑企业可持续发展要靠科技第一生产力、人才第一资源。通过激励机制和约束机制，促进工程监理企业的员工不断提高综合

素质。加大对管理专家等行业学术带头人的宣传和奖励力度，注重年轻优秀人才的培养与使用，形成不拘一格、人才辈出的局面。

② 加强知识管理，创建学习型组织。努力营造有利于"三型"建设的信息平台，大力发展信息技术，全面推广、普及信息技术在企业中的应用，建立并完善协同工作模式、流程和技术标准，尽快实现部门商务电子化、经营网络化、管理信息化的高效反应、决策、运转机制。重视技术标准管理，加快创新成果向技术标准的转化进程。广泛吸纳成熟适用的科技成果，积极参与"三型"建设标准的制订、修订，以先进的行业标准推动"三型"建设技术成果的应用。

③ 形成建设工程全过程管理服务的优势。在企业内部在搞好工程监理管理的同时，积极拓展业务范围，给同行业等输出投资咨询、工程项目管理咨询或管理总承包，向高智能和精细化管理方向发展。

④ 不断创新管理方法，不断推动工程监理管理领域的技术进步。在学习国外先进管理方法同时，坚持自主创新，不断推进工程管理知识和技术的进步。

a. 创新管理理念。

b. 创新方法与手段。

c. 实施信息化管理，建立和充分利用部门信息集成系统。

d. 创新管理流程，保证工程管理工作符合高效率、高质量、低消耗和环境保护的要求。

e. 创新绿色采购机制，大量引用新材料、新工艺、新技术和新设备。

f. 持续改进组织模式，通过组织结构的改善，实现提高效率和效益的目的。

⑤ 把管理科学的原理和方法以及系统论、控制论、信息论和软件等应用于管理，实现管理现代化，更有效地发挥技术能力和管理能力，提高整体管理水平。

⑥ 持续进行集成创新。根据企业现有条件和国外的一些成功经验，综合已有的技术，对已有技术重新排列组合或应用已有技术，增加线上监督和飞检项目比例，减少旁站比例，运营高科技，提升监理质量，节省投资。

第 9 章

"三型"建筑企业建设导则

9.1 "三型"建筑企业的判定标准解析

9.1.1 技术创新型建筑企业的判定标准解析

（1）关键判定标准解析

① 技术创新管理体系建设。判定时，企业应提供本年度的相关文件作为附件。

② 技术创新激励新机制的建立。判定时，企业应提供本年度的相关文件作为附件。

（2）定量判定标准解析

① 从事研究与开发的人员数量（研发团队强度）。

$$研发团队强度 = \frac{从事研究与开发的人员数}{企业员工总人数}$$

② 拥有省级以上研究、技术基地（室）或中心的数量、拥有博士后流动站的数量。企业建有国家级研发中心、省级研发中心（含博士后工作站）研发机构或与科研机构有实质性合作的企业研究中心等。

判定时，企业应提供相关证书或批文的复印件。

③ 本年度获得发明专利授权的数量。包括：发明专利、实用新型、外观设计等。

判定时，企业应提供本年度的国家专利授权证书或批文的复印件。

④ 拥有国家级学术组织机构的数量。指有批准证书或文号的国家级学术组织机构。

判定时，企业应提供相关证书或批文的复印件。

⑤ 上年度获得省部级以上工法的数量或优秀设计的数量。以获奖证书为准。

判定时，企业应提供本年度获奖证书复印件。

⑥ 本年度参编的标准、规范、手册的数量。国家、行业、企业正式出版的标准、规范、手册。

判定时，企业应提供正式出版物的原件或统一书刊号。

⑦ 本年度业务范围增项的数量。以国家、协会的正式批准文件为准。

判定时，企业应提供正式批准文件的复印件。

⑧ 本年度开发应用的软件数量。指被行业内认可或通过行业协会或地市级以上权威机构评审鉴定的应用软件。

判定时，企业应提供相关鉴定证书或证明材料。

⑨ 本年度创新并应用的管理模式、管理体系、管理工具或工艺流程成果数量。指被行业内认可或通过行业协会或地市级以上权威机构评审鉴定的管理模式、管理体系、管理工具或工艺流程成果。

判定时，企业应提供相关鉴定证书或证明材料。

⑩ 本年度技术引进、消化吸收再创新、模仿创新、集成创新的成果数量。指被行业内认可或通过行业协会或地市级以上权威机构评审鉴定的再创新、模仿创新、集成创新成果。

判定时，企业应提供相关鉴定证书或证明材料。

⑪ 本年度获得国家或省部级科技奖项数量。

判定时，企业应提供本年度获奖证书复印件。

⑫ 本年度通过具有科技成果鉴定权机构鉴定的科技成果数量。指通过行业协会或地市级以上权威机构评审鉴定的科技成果。

判定时，企业应提供相关鉴定证书或证明材料。

⑬ 本年度研究与开发（R&D）经费投入率。

$$R\&D 经费投入率 = \frac{R\&D 经费}{企业年收入}$$

判定时，企业应提供财务部门的证明材料。

⑭ 本年度研发成果总效益率。

$$总效益率 = \frac{本年度研发成果产生的总效益}{本年度研发总投入}$$

判定时，企业应提供财务部门的证明材料。

⑮ 本年度增加的核心专有技术数量。指行业协会或地市级以上权威机构评审鉴定的使企业产生效益的核心专有技术。

判定时，企业应提供相关鉴定证书或证明材料。

⑯ 本年度获省部级以上工程设计创新奖的数量。以获奖证书为准。

判定时，企业应提供本年度获奖证书复印件。

⑰ 本年度在国家正式专业期刊上发表的论文数量。

判定时，企业应提供刊物名称、出版日期、期数、论文所在页码及作者姓名、论文题目。

（3）定性判定标准解析

① 企业文化创新及人才培养。创新企业文化，凝练企业价值观，创设一个包容、理解、鼓励创新的企业文化。树立"人才是技术创新第一资源"的指导思想，推动科技创新需要一大批技艺精湛的高技能人才和高素质劳动者，要制订出各类人才的培训计划。

判定时，企业应提供本年度的相关文件作为附件。

② 企业自主品牌建设。努力创造和培育拥有自主知识产权的自主品牌并形成自主品牌体系，建立品牌保障体系，形成自主创新、高端化、品牌化的建筑技术系列品牌。

判定时，企业应提供相关证明文件作为附件。

③ 企业信息化平台建设。制定科学合理的企业信息化总体规划；构建安全可靠的企业内部和外部信息系统平台；建成行业内具有先进水平的管理信息系统（或生产控制、执行制造系统）；建成网上商务（服务）平台且效果明显。

判定时，企业应提供网站名称及相关证明材料。

④ 企业诚信建设。企业信用体系建设要面向市场，加强企业信用管理，

提高企业的信用等级；运用市场机制，强化信用管理的内部约束机制和利益激励机制；在法律框架内，按照规范、有序和不搞重复建设的原则，充分发挥银行系统信贷评价登记系统、企业信用担保体系、工商登记年检等系统的作用。培育以企业为主体、服务全社会的社会化信用体系，有计划、有步骤地建立企业信用标准体系、企业信用状况评价体系、企业信用风险防范体系、企业信用信息披露体系、企业信用监督管理体系，并不断转变政府职能，制定和完善相应的法律法规，为提升企业整体信用水平创造有利的条件。

判定时，企业应提供公信平台的相关材料。

9.1.2 资源节约型建筑企业判定标准解析

（1）关键判定标准解析

① 建立实现资源节约型企业的管理体系。参照本书第4章相关内容。

判定时，企业应提供本年度的相关文件作为附件。

② 建立实现资源节约型企业的新激励机制。参照本书第4章相关内容。

判定时，企业应提供本年度的相关文件作为附件。

（2）可量化判定标准解析

① 从事资源节约研究与开发的人员数量（包括专职和非专职），用资源节约团队强度表示。

$$资源节约团队强度 = \frac{从事资源节约研究与开发的人员数}{企业员工总人数} \times 100\%$$

判定时，企业应提供人事部门的证明材料。

② 本年度获得资源节约发明专利授权的数量。包括：与资源节约有关的发明专利、实用新型、外观设计等。判定时，企业应提供本年度的国家专利授权证书或批文的复印件。

③ 获省级以上资源节约工程设计奖数量。以获奖证书为准。判定时，企业应提供本年度获奖证书复印件。

④ 本年度万元产值可比电耗。

$$万元产值可比电耗 = \frac{企业年耗电量}{万元工业产值}$$

判定时，企业应提供财务部门的证明材料。

⑤ 本年度万元产值可比油耗。

$$万元产值可比油耗 = \frac{企业年耗油量}{万元工业产值}$$

判定时，企业应提供财务部门的证明材料。

⑥ 本年度万元增加值综合能耗降低率。

$$综合能耗降低率 = \frac{上年度综合能耗可比价值}{生产增加值} - \frac{本年度综合能耗可比价值}{生产增加值}$$

判定时，企业应提供财务部门的证明材料。

⑦ 本年度万元产值节水率。

$$万元产值节水率 = \frac{上年度用水量}{可比产值} - \frac{本年度用水量}{可比产值}$$

判定时，企业应提供水电部门的证明材料。

⑧ 本年度万元产值办公费用节约率。

$$办公费用节约率 = \frac{上年度办公费用}{总产值} - \frac{本年度办公费用}{总产值}$$

判定时，企业应提供财务部门的证明材料。

⑨ 本年度余能节约率。

$$余能节约率 = 本年度余能利用率 - 上年度余能利用率$$

判定时，企业应提供财务部门的证明材料。

⑩ 本年度新型、替代型能源的开发率。

$$开发率 = \frac{本年度新型、替代型能源可比价值}{总能源消耗的可比价值}$$

判定时，企业应提供财务部门的证明材料。

⑪ 本年度万元产值管理费用降低率。

$$管理费用降低率 = \frac{上年度管理费用}{总产值} - \frac{本年度管理费用}{总产值} \times 100\%$$

判定时，企业应提供财务部门的证明材料。

⑫ 本年度获得国家和省部级节约奖项数量。以获奖证书为准。

判定时，企业应提供本年度获奖证书复印件。

⑬ 本年度通过具有科技成果鉴定权机构鉴定的资源节约成果数量。指通过行业协会或地市级以上权威机构评审鉴定的科技成果。

判定时，企业应提供相关鉴定证书或证明材料。

⑭ 本年度资源节约研究与开发 (R&D) 经费投入率

$$R\&D 经费投入率 = \frac{资源节约 R\&D 经费}{企业年收入}$$

判定时，企业应提供财务部门的证明材料。

⑮ 本年度固体废物利用率。

$$固体废物利用率 = \frac{固体废物再利用量}{固体废物产生量} \times 100\%$$

判定时，企业应提供环保部门的证明材料。

⑯ 本年度获得国家和省部级资源节约工程奖项数量。以获奖证书为准。

判定时，企业应提供本年度获奖证书复印件。

⑰ 本年度资源节约管理体制、机制的创新。

判定时，企业应提供本年度相关材料。

(3) 其他判定标准解析

制定企业资源、能源节约标准，把资源节约与结构优化、技术进步紧密结合起来，通过信息化手段，节约创效，突出体现延长生态良好产品的寿命、原材料的回收、服务效能等方面的创新。

判定时，企业应提供本年度的相关文件或实效证明作为附件。

资源节约绩效及下年度节约指标。全面、公正地评价本年度的资源节约绩效，制定资源节约绩效目标和实施方案，编制企业资源状况报告书。

判定时，企业应提供本年度的相关文件或实效证明作为附件。

9.1.3 环境友好型建筑企业的判定标准解析

(1) 关键判定标准解析

① 建立实现环境友好型企业的管理体系。参照本书第 4 章相关内容。

判定时，企业应提供本年度的相关文件作为附件。

② 建立实现环境友好型企业的新激励机制。参照本书第 4 章相关内容。

判定时，企业应提供本年度的相关文件作为附件。

(2) 可量化判定标准解析

① 从事企业环境友好建设研究与开发的人员数量，用环保团队强度表示。

$$环保团队强度 = \frac{从事环境友好建设的研发人数}{企业员工总人数} \times 100\%$$

判定时，企业应提供人事部门的证明材料。

② 本年度获得环境友好保护发明专利授权的数量。包括：与环境友好有关的发明专利、实用新型、外观设计等。

判定时，企业应提供本年度的国家专利授权证书或批文的复印件。

③ 本年度万元产值废水排放量。

$$万元产值废水排放量 = \frac{废水排放量}{万元工业产值}$$

判定时，企业应提供地市级环保部门的证明材料。

④ 本年度万元产值主要固体废物排放量。

$$万元产值主要固体废物排放量 = \frac{主要固体废物排放量}{万元工业产值}$$

判定时，企业应提供地市级环保部门的证明材料。

⑤ 本年度万元产值主要污染物排放量。主要污染物指 COD、氨氮、石油类、重金属，SO_2、烟尘、粉尘，以及行业特征污染物。

$$万元产值主要污染物排放量 = \frac{主要污染物排放量}{万元工业产值}$$

判定时，企业应提供地市级环保部门的证明材料。

⑥ 本年度废水循环利用率。

$$废水循环利用率 = \frac{废水处置量}{废水产生量} \times 100\%$$

判定时，企业应提供地市级环保部门的证明材料。

⑦ 本年度使用构件标准化比率。

$$构件标准化比率 = \frac{本年度使用标准化构件的预算值}{本年度使用构件的预算总值}$$

判定时，企业应提供财务部门的证明材料。

⑧ 本年度生产工厂化比率。

$$工厂化比率 = \frac{本年度工厂生产半成品的预算值}{本年度生产的预算总值}$$

判定时，企业应提供财务部门的证明材料。

⑨ 本年度万元产值办公用车费率。

$$办公用车费率 = \frac{本年度办公用车费用}{本年度生产总值}$$

判定时，企业应提供财务部门的证明材料。

⑩ 本年度获省部级以上环保奖数量。以获奖证书为准。

判定时，企业应提供本年度获奖证书复印件。

⑪ 本年度获省部级以上环保工程奖数量。以获奖证书为准。

判定时，企业应提供本年度获奖证书复印件。

⑫ 本年度通过具有科技成果鉴定权机构鉴定的环保成果数量。指通过行业协会或地市级以上权威机构评审鉴定的科技成果。

判定时，企业应提供相关鉴定证书或证明材料。

⑬ 本年度绿色施工覆盖率（绿色施工导则）。企业施工区环境清洁优美，现场考核感观优美，并检查参考指标，区内绿化覆盖率达到国家标准以上。

⑭ 本年度环境友好建设研究与开发（R&D）经费投入率

$$R\&D经费投入率 = \frac{R\&D经费}{企业年收入}$$

判定时，企业应提供财务部门的证明材料。

⑮ 企业环保设施运转率。

$$环保设施运转率 = \frac{环保设施正常运转天数}{365 - 环保设施正常停转天数} \times 100\%$$

判定时，企业应提供环保部门的证明材料。

（3）其他判定标准解析

① 环境管理信息系统的构建。企业是否已获得 ISO 14001 环境管理体系认证，或参照 ISO 14001 环境管理体系标准建立了完善的环境管理体系以及信息系统等。

判定时，企业应提供相关认证证书或证明材料。

② 企业与社会及利益相关者的关系。正确处理与社会及利益相关者的关系，构建环境友好的和谐社会。企业的利益相关者几乎涉及社会各个领域的个人或团体，与企业利益关系密切，且又能够充分体现企业社会责任的利益相关者有业主、员工、社会等。

企业与业主关系涉及从项目投标到项目竣工验收后各个阶段的企业服务情况。企业与员工关系涉及人力资源开发、员工薪酬、员工福利、工作区域环境的绿化、美化、净化等。企业与社会关系一方面涉及扶贫、救灾、助残、体育事业、希望工程等公益事业方面的努力与贡献，另一方面体现在向社会提供技术、装备、产品和服务，展示企业，服务社会，回报社会，更多地承担社会责任。

判定时，企业应提供本年度的相关文件作为附件。

③ 本年度环境友好管理体制、机制的创新。突出体制、机制的创新性，主要体现扬尘控制、有害物质的隔离、测试处理、温室气体及污水排放处理等。

判定时，企业应提供本年度的相关文件或实效证明作为附件。

④ 环境友好绩效及下年度计划指标。全面、公正地评价本年度的环境友好绩效；制定环境保护绩效目标和实施方案，健全和完善全行业环境友好统计指标体系；各项环境保护活动取得的社会效益、经济效益分析，下一年度环境保护预期目标等。

判定时，企业应提供上年度的相关文件或实效证明作为附件。

9.2 "三型"建筑企业建设宗旨

9.2.1 "三型"建筑企业建设原则

建设"三型"建筑企业，要全面贯彻落实"创新、协调、绿色、开放、共享"五大理念，按照建设"四型"社会的战略部署，坚持"需求引导、科学统筹、重点突破、全面推进"的方针，积极开展行业技术创新、资源节约、环境友好活动，以推进、引领和实现国内工业在高效大型成套装备技术集成、优化结构、流程再造、节约能源与资源、减少污染物排放和对环境的影响、废弃物综合利用新技术、淘汰落后产能等方面的进步为中心任务，开创建筑行业发展的新局面。

9.2.2 "三型"建筑企业建设方针

（1）需求引导是推进技术创新型、资源节约型、环境友好型行业的出发点

要坚持以经济社会发展和市场需求为引导，从基本建设的根本利益出

发，推进"三型"建设各项工作，不断提高建设产品质量和管理服务水平，更好地满足经济社会发展，满足市场和建筑行业的技术创新、资源节约和环境友好建设的需要。

（2）科学统筹是推进技术创新型、资源节约型、环境友好型行业的基本方略

要用科学的理论指导"三型"建设，用科学的方法开展"三型"建设，准确把握技术装备业和建筑行业发展的规律，充分认识"三型"建设工作的继承性、持续性、系统性，正确处理"三型"建设工作中的各种关系，远近结合、先易后难，稳步推进。

（3）重点突破是推进技术创新型、资源节约型、环境友好型行业的实施策略

要抓住技术装备业和建筑行业发展的主要矛盾和矛盾的主要方面，明确"三型"建设的主攻方向和着力点，集中力量，重点突破，在改革上要有新进展，在科技上要有新成果，在政策上要有新举措，在法制建设上要有新成效，解决好制约技术装备业和建筑业发展的关键问题。

（4）全面推进是建设技术创新型、资源节约型、环境友好型行业的内在要求

要把"三型"建设落实到咨询服务、项目实施、安全保障、文明生产、资源利用、环境保护、行业自律、廉政建设等各个方面，增强建筑行业的综合实力，不断分析新情况，总结新经验，解决新问题，全面推进技术装备行业和建筑业的可持续、稳步发展。

总之，推进技术创新型、资源节约型、环境友好型建设是企业主体所必须担负的社会责任和时代责任。企业的社会责任（CSR）是指：企业在追求利润最大化的同时或经营过程中，对社会应承担的责任或对社会应尽的义务，最终实现企业的可持续发展。具体表现为企业在经营过程中，特别是在进行决策时，除了要考虑投资人的利益或企业本身的利益之外，还应适当考虑与企业行为有密切关系的其他利益群体及社会的利益，除了要考虑其行为对自身是否有利外，还应考虑对他人是否有不利的影响，如是否促进科技发展、是否促进社会进步、是否会造成公害、环境污染、浪费资源等。企业在进行决策时，对这些问题进行考虑并采取适当的措施加以避免，其行为本身就是在承担社会责任。

技术创新是企业核心竞争能力的基础和市场竞争优势的来源。面对市场竞争日益激烈的态势，建筑企业可以依靠技术创新，不断提升企业核心技术，开发核心产品，进而提高产品竞争能力和市场竞争优势，使企业经济效益不断提高。寻找新的经济增长点和经济效益来源，为可持续发展奠定坚实基础。

建筑行业是我国国民经济的支柱产业，建筑企业作为技术创新的实施主体，要充分认识到在竞争日趋激烈以及公众意识增强的环境下，承担技术创新的社会责任不仅仅意味着付出，将对于建立可持续的经营环境、树立良好的品牌声誉和消费者信心至关重要。因此，企业必须实现由追求短期利益到可持续发展的转变，主动承担技术创新的社会责任。柯林斯和波勒斯在《基业长青》一书中比较了美国的卓越企业和优秀企业。研究发现，最卓越的企业使命和企业理念都具有强烈的技术创新的社会责任导向。尽管承担技术创新社会责任要付出大量资源，甚至丧失一些暂时的发展机会，但从长远来看，企业会赢得持续竞争优势。

我国能源消耗量大、人均资源不足、资源利用率低，资源的浪费和生态破坏已经威胁到人民的生存状况。作为重要污染源之一的中国建筑企业应意识到事态的严重性，承担起应尽的环境责任。企业是实施循环经济的主体，是体现循环经济效益最直接的个体，是循环经济建设的基础，所以对中国企业循环经济实现和环境责任的研究意义重大。当今中国，绝大部分地区仍处于城市化与工业化发展的中期，倡导循环经济发展、构建资源节约型社会，必须鼓励企业家积极参与进来，承担相应的社会义务。

参考文献

[1] 伊志宏. 中国企业创新能力研究 [M]. 北京：中国人民大学出版社，2008.

[2] 何飞云，余来文. 企业家品牌下的企业自主创新研究 [J]. 科学管理研究，2007 (6)：27-28.

[3] 付博. 企业可持续发展战略问题研究 [D]. 郑州：河南大学，2008.

[4] 杨韬. 基于灰色聚类法的绿色施工评价 [J]. 四川建筑科学研究，2008，34 (6).

[5] 齐志凯. 现代企业可持续发展的要素分析 [J]. 领导科学，2010 (5).

[6] 朱宇积. 极实施资本运营促进国有大型建筑企业可持续发展 [J]. 建筑经济，2007 (6).

[7] 于险波. 我国高技术企业可持续发展能力评价及对策研究 [D]. 哈尔滨：哈尔滨工程大学，2004.

[8] 张玉梅. 我国建筑企业可持续发展策略探讨 [J]. 建筑技术开发，2006 (5).

[9] 奚洁人. 科学发展观百科辞典 [M]. 上海：上海辞书出版社，2007.

[10] 傅家骥. 技术创新学 [M]. 北京：清华大学出版社，1998.

[11] 吴高潮. 企业自主创新的模式与机制研究 [D]. 武汉：武汉理工大学，2006.

[12] 赵玉林. 创新经济学 [M]. 北京：中国经济出版社，2006.

[13] 延平，金新安，杨知博. 如何提高我国科技成果转化率 [J]. 硅谷，2010 (23).

[14] 郭晗，邵军义. 绿色施工技术创新体系的构建 [J]. 绿色建筑，2011 (1).

[15] Shao JunYi, Sun YongLi. Research on Market Pull Innovation and Management System of Construction Enterprise [J]. Intelligent Information Management Systems and Technologies，2010，6 (2).

[16] Guo Han, Zhuang Li. Study of HR Management Based on Independent Innovation in Construction Enterprises [C]. The International Conference on Business, Engineering and Information Technology Management，2011.

[17] 张淑兰，肖玉平，何钦成. 实施人才强校战略培养造就高素质科技创新团队 [J]. 中华医学科研管理，2005，18 (3).

[18] 章娇娜. 浅谈我国的科技创新团队建设 [J]. 湖南涉外经济学院学报，2006，6 (4).

[19] 周三多. 管理学原理 [M]. 上海：复旦大学出版社，2005.

[20] 李华军，张光宇. 高新技术企业知识型员工流失风险管理——基于心理契约的视角 [J]. 科技进步与对策，2009，26 (8).

[21] 王娟，程鹏涛. 建筑企业管理信息化的现状与发展途径 [J]. 广东建材，2011 (3).

[22] 杨卫东. 利用信息化建设提升建筑企业核心竞争力 [J]. 企业管理，2011 (5).

[23] 蔡梅. 浅析企业的可持续发展 [J]. 北京：时代经济. 2007，(4)：50-51.

[24] 杜栋，庞庆华，吴炎. 现代综合评价方法与案例精选 [M]. 第 2 版. 北京：清华大学出版社，2008.

[25] 住房和城乡建设部建筑市场监管司，住房和城乡建设部政策研究中心. 中国建筑业改革与发展研

究报告（2018）[M]．北京：中国建筑工业出版社，2018.

[26] 住房和城乡建设部建筑市场监管司，住房和城乡建设部政策研究中心．中国建筑业改革与发展研究报告（2019）[M]．北京：中国建筑工业出版社．2020.

[27] 住房和城乡建设部建筑市场监管司，住房和城乡建设部政策研究中心．中国建筑业改革与发展研究报告（2020）[M]．北京：中国建筑工业出版社．2021.

[28] 住房和城乡建设部建筑市场监管司，住房和城乡建设部政策研究中心．中国建筑业改革与发展研究报告（2021）[M]．北京：中国建筑工业出版社．2022.

[29] 国家统计局．2020 中国统计年鉴 [M]．北京：中国统计出版社，2020.

[30] 国家统计局．2021 中国统计年鉴 [M]．北京：中国统计出版社，2021.